# 日本はASEANとどう付き合うか

## 米中攻防時代の新戦略

Chino Keiko
千野境子

草思社

# 日本はＡＳＥＡＮとどう付き合うか◯目次◯

地図作成＝鈴木知哉

# はじめに――海と陸から迫る不安、南シナ海とＡＩＩＢ

アジア太平洋を舞台にアメリカと中国によるパワーの攻防が激しさを増している。世界は米ソ冷戦終結後のアメリカ一極の時代から突出した覇権国がない無極時代を経て、ついに一度は立ち消えたかに見えた米中（Ｇ２）の時代を迎えることになるのだろうか。

激動のアジア太平洋に身を置く日本（人）はいま、一層注意深く、そして真剣にこの攻防に目を凝らさなければならなくなったし、多くの日本人は安穏と傍観者でいられなくなったことを感じ始めている。

この攻防はどこへ向かうのだろうか。長かった太平洋における「アメリカの世紀」が終わり、中国が自ら言うところの「屈辱の世紀」を完全に過去のものとし、清《しん》の時代の華夷秩序とはまた違った「中国の世紀」がアジア太平洋に史上初めて出現する。その瞬間に日本（人）も立ち会おうとしているのだろうか。

それともアメリカはやはりここ一番の復元力を発揮するのか。Ｇ２は並び立たず、激突してしまうのだろうか。ますます目の離せない状況が進んでいる。

近年で米中のせめぎ合いをもっとも鮮明に浮き彫りにしたのは、中国の主導する国際金融機関「アジアインフラ投資銀行（Asian Infrastructure Investment Bank＝ＡＩＩＢ）」の設立である。先進七カ国（Ｇ7）の一員であり、アメリカと「特別な関係」のイギリスが二〇一五年三月十二日に参加を申請するや、同じＧ7のドイツ、フランス、イタリアも続き、後は堰《せき》を切ったように参加申請が相次いだ。参加申請国・地域は五十七カ国を数え、未加盟のＧ7大国はアメリカ、日本、カナダだけである（二〇一五年八月現在）。

まだ面子を揃えたに過ぎないＡＩＩＢの成否は、今後をみなければ何とも言えない。しかし成否どちらに転ぶにせよ、ＡＩＩＢの誕生がアジア太平洋にとって次の時代への一つの分岐点となる可能性は高いだろう。アメリカの国際政治学者、ジョン・アイケンベリーによれば《今日の世界で、アジア太平洋ほど歴史の大いなる力――文化、宗教、権力、ナショナリズム、階級、地理、記憶――が強く作用している地域はない。その結果、この地域では大きな可能性と差し迫った危機がいまぜになったダイナミックな状況が生まれている》（猪口孝編『日本のアジア政策』ＮＴＴ出版）なかで、二〇一三年十月、ＡＩＩＢも産声を上げたのだった。

最初は日本も欧米もお手並み拝見とばかり冷ややかだった。資金は潤沢でも国際金融機関のノウハウのない中国にどこまでやれるか高を括る雰囲気さえあった。一年後の二〇一四年十月二十四日、北京で行われた設立合意の調印式典でも、参加国は東南アジアから南・中央アジア、中東までアジアの途上国を中心に二十一カ国に過ぎなかった。

風景が一変したのは、それからわずか半年である。参加国は先進国から途上国まで、地域も北米を除き、ほぼ世界全域を包含する。日米が主導する先行のアジア開発銀行（ADB＝六十二カ国・地域）も影が薄くなるほどの勢いだった。習近平《しゅうきんぺい》国家主席による構想発表から二年足らず。ここまで持ち込む中国の力業、対照的に方針定まらぬアメリカに、「米中逆転」の構図が過《よぎ》った人もいたはずだ。

しかし繰り返すが、まだ何も始まっていない。変わってもいない。ただAIIBを取り巻く風景だけが変わった。それは風景を見る人の目が変わったからである。ニーチェも言ったように、人間とは物事を見たいように見てしまう動物らしい。

AIIBには透明性や公平性など融資基準をはじめとするさまざまな疑問が出されている。詳しくは本文に譲るとして、二つだけ述べておきたい。

第一は、ズバリ中国主導について。周知のように中国ではいま反腐敗運動が盛んである。二〇一五年三月の全国人民代表大会（全人代）の活動報告（最高人民検査院および最高人民法院）によれば、過去一年に立件した汚職事案（百万元以上）は前年比四二パーセント増の三千六百六十四件、閣僚級以上は二十八人になる。このなかには、周永康《しゅうえいこう》・前政治局常務委員など最高幹部クラスも含まれる。また高級官僚たちの不正蓄財の横行とその天文学的数字のニュースにはいつも驚かされる。このような腐敗・汚職天国の中国が舵を取る銀行に、各国はどうして貴重な国富を出資したいのか不思議だ。不安はあるが国際金融機関は聖域だからと考えるのだろうか。

もう一つはAIIBと同時期にやはり習近平が発表したシルクロード経済圏と二十一世紀海上シルクロードを建設するという「一帯一路《いったいいちろ》」構想との関係について。中国は前者のためにAIIBとは別にシルクロード基金を設立するとしたが、ＡＩＩＢの資金が「一帯一路」に優先的に使われる恐れはないのだろうか。

インフラ資金需要から、南シナ海問題で中国との対立を抱えながらも参加に踏み切ったベトナムやフィリピンはじめ東南アジア諸国が後悔することにならないか心配である。

ところでＡＩＩＢ構想が世界の耳目を集めたおかげで、中国はもう一つの実利を得た。何か。二〇一四年前半の南シナ海領有権問題における中国の強権的行動が、この間、舞台後方へと追いやられたことである。

中国はこれを奇貨として足場固めに奔走した。南シナ海問題はＡＩＩＢと並ぶ、いやＡＩＩＢよりはるかに早く一九七〇年代から進められてきた、中国のもう一つの重要な国家戦略だ。そして南シナ海の領有権問題はいま再び、米中攻防の舞台へと戻ってきた。

二〇一五年三月末、オーストラリアの首都キャンベラで講演したハリー・ハリス米海軍太平洋軍司令官は、中国が南シナ海で行っている岩礁埋め立て工事について「砂の万里の長城を築いている」と誠に巧みな表現で懸念を表明した。

秦の始皇帝が築いた長大な城壁である万里の長城。確かにいまの中国なら、それを海に作りかねないと思わせるリアリティがある。環礁に土砂を入れ、コンクリートで舗装し、すでに四平方キロメートル以上の土地を作り出したという。周辺国にとって安全保障上の脅威の増大もさることながら、これが海の自然環境にどのような影響を及ぼすかも未知数である。いったん引き起こされた環境破壊や汚染は、修復までに絶望的なほどの長い時間がかかる。そうなっては取り返しがつかない。

本書はアジア太平洋を舞台とする米中二大パワーの攻防、その狭間にある日本のこれから、そしてこの地域の重要なプレイヤーの座をすでに占めつつある東南アジア諸国連合（ASEAN）の対応などについて、歴史を俯瞰しつつ考を進める。

南シナ海問題をめぐっての中国とASEAN、アメリカの時系列の動きをやや詳しく取り上げていくが、それは過去を簡単に水に流さないためである。またこの定点観測によって、今後の展開、とくに中国の行動パターンを読むことができるだろう。中国共産党政権の修正能力の高さはなかなかのもので、AIIBであれ、一帯一路であれ、あるいは砂の万里の長城であれ、新構想を次々と繰り出し、世界の目をそちらに向けさせている間に、着々と事を進めて行く。その端倪《たんげい》すべからざる力ゆえに、今日の南シナ海問題が明日の東シナ海問題にならない絶対の保証はないのである。

AIIB加盟であらためて分かったことは、ヨーロッパにとって中国は所詮、遠いということである。南シナ海問題もしかり、である。日本はヨーロッパのようにはいかない。歴史も地理も日本には重い。日本と同じように中国が一番近い隣国である東南アジアは、ASEAN加盟十カ国すべてがAIIBに加盟した。

本書では日本と東南アジア、そして日・ASEAN関係についても、歴史を遡り、多くの頁をさいた。日本にとってASEANがますます重要になっている時代だからこそ、日本と異なる選択もする彼らとしっかりと向き合い、一定の距離を保ちつつも、良好な関係を作っていくという上手な外交が日本には求められているのではないかと思うからだ。

中国は巨像であり虚像でもある。目の前の事象に一喜一憂することなく、長いスパンでアジア太平洋を見据え、いまを生きる戦略的対応が私たちには必要だ。

なお、敬称はすべて略させていただいたことをお断りしておく。

# I　太平洋のパワー・トランジション、始まる

## 1章　長くのびる〝赤い舌〟

### 南シナ海を〝中国の海〟にする

二〇一三年十月、習近平国家主席は、今後五年から十年の周辺諸国に対する外交の基本方針について、「隣人と睦《むつ》み、隣人を安んじ、隣人を富ませる」と共産党の「周辺外交工作座談会」で述べた。地理的に最も近く、歴史も古い隣人の中国から、こんなにも優しい言葉をかけられたＡＳＥＡＮ各国はさぞや困惑したことだろう。

良い時ばかりではないのが隣人のつねではあるけれど、近現代史を眺めた時、ＡＳＥＡＮの場合は総じてこの巨大な隣人に翻弄されてきたと言うほうが当たっている。ベトナム戦争しかり、カンボジア紛争しかり。あるいは国内共産党・共産ゲリラへの支援という内政干渉もあった。また東南

アジア経済に大きな力を持つ華人・華僑をめぐるさまざまな問題も、中国との関係を抜きには考えられず、各国の内政外政に影響を及ぼしてきた。隣人はまるで影のようにいつも背後にあって、脅威となり懸念となってきたのである。

ＡＳＥＡＮについてはⅡ部で詳述するが、まだＡＳＥＡＮに加盟する前、ベトナムはカンボジアのポル・ポト政権とその後ろ盾である中国と鋭く対立し、ついにそれは中越戦争に発展した。一九七八年十二月、ベトナム軍がカンボジアへ侵攻すると、翌年二月、中国は懲罰の名の下にベトナムに侵攻したのである。懲罰とは一般に上の者が目下に使う言葉である。中国にとって、国境を接する隣人のベトナムはそういう存在だったのだろう。一方、ベトナムにとって中国とは、地続きであるがゆえにつねに巨大な圧力であり、しばしば戦火を交えた。ベトナムにはそこからの安全をいかに担保するかが、最大の国家的命題でもあった。

またミャンマーの軍事政権が一九九〇年代に西側の経済制裁により孤立すると、世界に先駆けて政権を承認し、支援の手を差し伸べたのが中国だった。その頃私は、セミナーに出席するために来日したミャンマーの政権関係者にインタビューしたことがある。

「正直言って、私たちは中国が好きではありません。むしろ怖い。でもこれしか方法がありませんし、仕方がないのです」と幾分、弁解気味に語っていた。気持ちは分からないでもない。それにしても、ミャンマーはそれから文民政権への移行政権となる二〇一〇年代まで何と二十余年、対中依存から抜け出せ（さ）なかったのである。

ちなみにベトナム（越南）とミャンマー（緬甸）はともに十九世紀後半まで中国に朝貢使節を送

っていた。ミャンマーの対中観を知る手掛かりとなる興味深い記事が、フジサンケイ・ビジネスアイ（二〇一四年十一月七日付）に載っている。二〇一四年五月から六月にかけて、シンクタンクのミャンマー経済研究・コンサルティング（MERAC）が、調査会社のサード・アイ（Third Eye）とともに、ヤンゴンとマンダレーで行ったミャンマー初の世論調査の結果を報じたものだ。

記事によれば、《好ましい国のトップは意外にもミャンマーに厳しい制裁を科してきた米国で、日本が2位だった。また日本は『ミャンマー経済に最も重要な国』で、『働きたい外国企業の国』でもトップ。『製品の質』も日本が断トツと、ほとんどの項目で日本はナンバーワンで、親日ぶりが確認できた。戦時中の日本軍の行為についても尋ねたが、約9割の人が『両国の関係の障害にはなっていない』と答えた。他方、中国やインドに対するミャンマー人の印象は決して良くない》という。

そうなのだ。中国と緊密な関係にあるが、それは好ましさとは別物なのである。しかもそれはミャンマーだけに限らない。外務省が定期的にASEANで行っている「対日世論調査」でも同じような結果が出ている。これについては7章であらためて紹介する。

さて、ここで取り上げる二〇一四年前半に起きた、中国とASEANの隣人関係の現実、すなわち南シナ海の領有権係争海域で中国が海軍力を大々的に動員し、ベトナムに対して見せつけた強権行動ほど、ベトナムはもとよりASEANに大きな衝撃と試練を与えたものは近年ない。いや、より近い隣人・日本もショックを受けた。相当数の日本人が「今日の南シナ海が明日の東シナ海に絶対ならないという保証はない」と中国への不信感を強め、早期警戒警報《アーリー・ウオーニング》と受け止めた。かつての

「日中友好の時代」は完全に終わったと感じた人も少なくなかったはずである。

中国の執拗な領有権の主張は、単に漁業資源だけでなく、南シナ海に眠る天然ガスなど豊富な海洋資源の確保のためともっぱら解釈されてきた。果たしてその狙いは資源だけだろうか。疑わしいと私は考えている。

中国は南シナ海を、チベットや台湾と同様に中国の「核心的利益」の対象であると言って憚《はばか》らない。そうであるならば、南シナ海を内海化し、〝中国の海〟とすることこそ中国の目標であり、どのような障害があっても、たとえ時間がかかっても、実現に向けて邁進する、現在はその途上であると見ることもできる。天然資源は後からついて来るだろう。

二〇〇七年五月、アメリカのティモシー・J・キーティング太平洋軍司令官（当時）は就任後初めて中国を訪れた際、会談した中国海軍高官から「太平洋を中国とアメリカで半分ずつ管理しようではないか」と持ちかけられた。「冗談だとしても、人民解放軍の戦略構想を示すものだ」とは、同司令官が翌年三月の米上院軍事委員会公聴会で述べた証言である。

冗談どころか中国は当時から本気だったのであり、ただ、どんな反応がアメリカから返って来るか、まずは冗談めかしてサウンドしてみたのではないだろうか。今日では、「中米の新型大国関係」という新語を作ってアメリカにその受け入れを迫り、習近平は「太平洋には中米両国を受容するのに十分な空間がある」と、米中分割支配の誘いとも、太平洋に出て行く中国に余計な口出しをするなとの恫喝とも、どちらとも取れる発言を堂々と、再三繰り返している。

イギリスの国際戦略研究所（ＩＩＳＳ）はすでに『ミリタリー・バランス２０１１』で、中国が米第七艦隊の展開する西太平洋で制海権を確立するための海軍力向上に全力を挙げていると分析している。

たったこれだけの発言や分析を斟酌《しんしゃく》するだけでも、南シナ海だけでなく、さらにその先に広がる地球の三分の一を占める太平洋という大海を見はるかして、海洋大国を目指す中国の姿が浮かび上がってくるのである。

## 中越対立、一線を越えた中国

南シナ海の領有権をめぐる中国とASEAN各国との攻防も厳しさを増している。

二〇一四年の中国とベトナムの対立の発端は、五月四日、中国国営の中国海洋石油総公司（CNOOC）がベトナムの排他的経済水域（EEZ）に深海石油掘削リグを設置したのは違法だとしてベトナム外務省が抗議し、ベトナムの主権が及ぶ管轄海域内での活動に反対を表明したことだった。

外務省声明はまた「ベトナムの管轄海域における外国によるすべての活動は、ベトナム政府の事前許可を必要とする」とも述べていた。中国がベトナムの了解なしに、一方的に掘削を始めたことに対する抗議である。

中国にすれば、この海域は中国が領有しており、ベトナムの事前許可を求める必要はないという理屈になる。前日の五月三日、中国交通運輸部海事局（MSAC）は北緯一五度二九分五八秒、東経一一一度一二分六秒の位置で、五月二日から八月十五日まで、石油・天然ガスの資源探査のために掘削リグで作業を続けること、期間中はその周辺一海里《カイリ》（一海里＝一・八五二キロメートル）内へのあらゆる船舶の立ち入りを禁止すると発表していた。中国はそれまで南シナ海の係争地域で一方的に掘削を始めたことはなかった。

その後の推移は、季刊誌『海洋情報季報』（現海洋政策研究所）を参考に追ってゆきたい。

予想どおり、中国はベトナム外務省の声明を無視した。それだけでなく五日には立ち入り禁止区域を三海里に拡大した。外交部報道官も「掘削リグは完全に中国の西沙《せいさ》（英語名パラセル）諸島における管轄海域内である」としてベトナムの抗議を取り合わなかった。

ここで問題の南シナ海の島嶼《とうしょ》について簡単に説明をしておきたい。それらは南沙《なんさ》（スプラトリー）諸島、西沙諸島、東沙《とうさ》（プラタス）諸島、中沙《ちゅうさ》（マックルズフィールド・バンク）諸島の四諸島から成り、南海諸島と総称され、第二次世界大戦中は日本軍の占領下にあった。

一番大きいのが南沙諸島で、島及び岩礁が九十六から二百三十、西沙諸島は五十五、東沙諸島は六、中沙諸島は三十四存在するとされる（国により数え方は異なる）。

敗戦により中華民国（当時）が、相つぎ接収するが、その後サンフランシスコ講和条約で日本が正式に請求権を放棄した結果、これらは一九五一年五月にまずベトナムが南沙諸島の領有権を主張し、同年八月には中国が四島すべての領有を宣言した。さらに五六年にはフィリピン、台湾も相次いで南沙諸島の領有に名乗りを上げ、この後、マレーシア、ブルネイと続いた。

したがって現在、南シナ海で南海諸島に領有権を主張しているのは、中国、台湾、ＡＳＥＡＮ四カ国の計六カ国・地域になる。

対立や衝突は今に始まったわけではない。中国と南ベトナム（当時）は一九七四年一月に南ベト

## 南シナ海と九段線

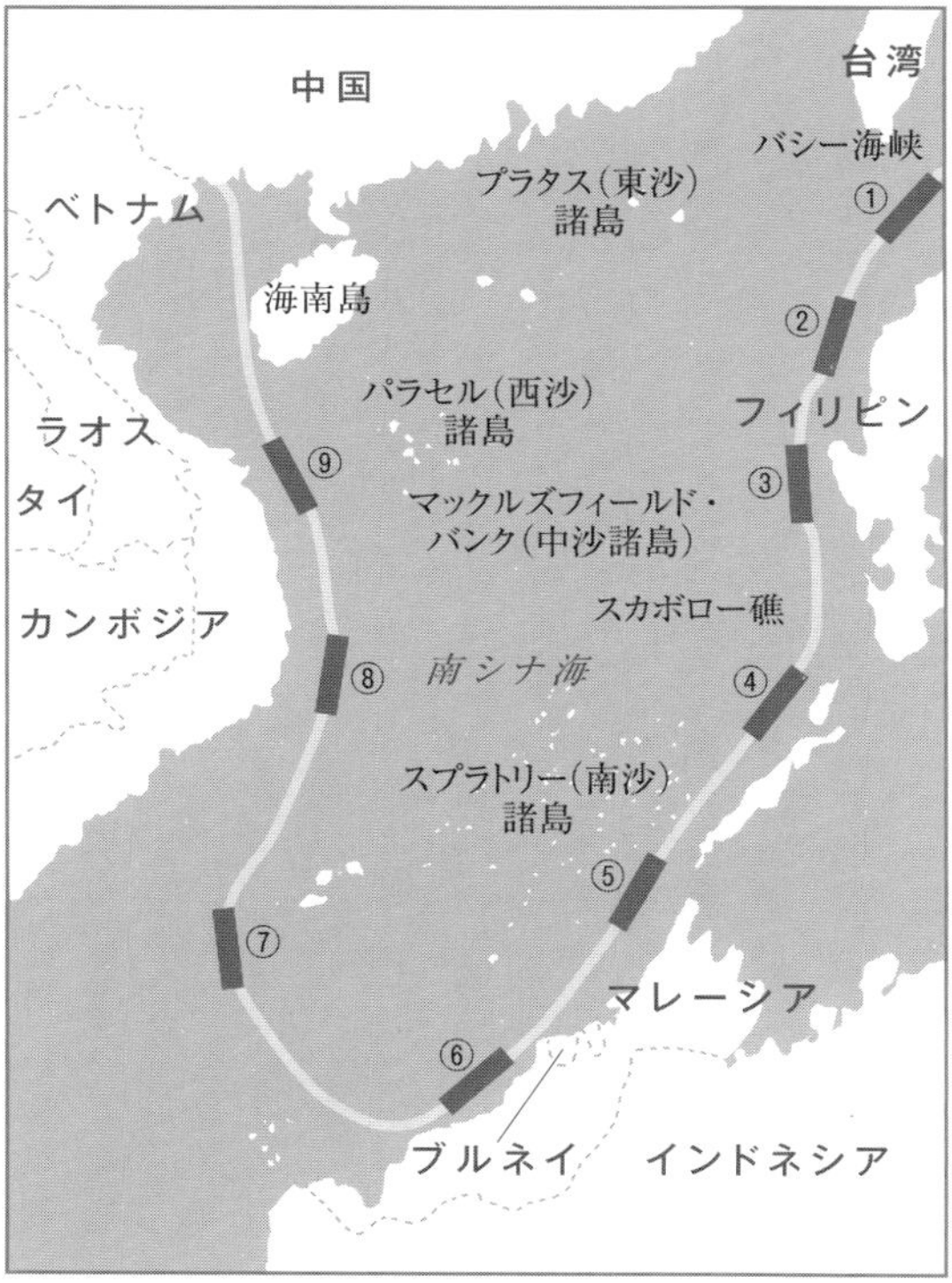


九段線(①〜⑨)は中国が南シナ海全域の権利を主張するために引いた9つの線のことで、台湾とフィリピンの間のバシー海峡から右回りに西沙諸島とベトナムの間まで。これらを結ぶと大きな舌のようになる。また日本列島、台湾、フィリピンを結ぶ第一列島線と小笠原諸島からグアムを結ぶ第二列島線は中国の軍事戦略上の対米防衛ライン。領域支配軍事戦略とも呼ぶ。

## 第一列島線と第二列島線

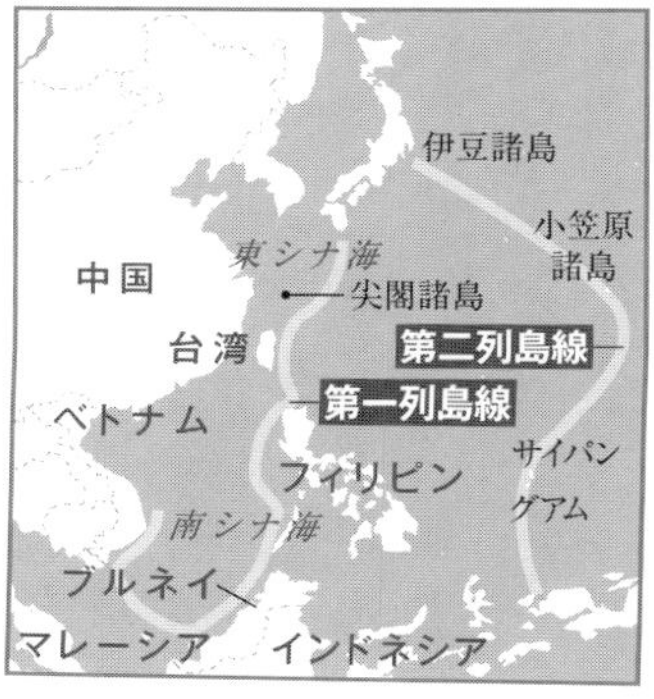

ナムが実効支配していた西沙諸島ダンカン島付近で武力衝突を起こしている。一九七三年一月、ベトナム戦争に関するパリ和平協定が成立し、あたかもアメリカ軍のベトナムからの撤退を待っていたかのような中国の行動だった（米軍の撤退完了は七三年三月二十九日）。

中国は南ベトナム軍を撃破し、西沙諸島の領有権を確立した。これ以降中国が事実上ここを支配している。さらに八八年三月、今度は南沙諸島で衝突が起き、双方に百人以上の死者と行方不明者を出す事態となった。中国はベトナムが実効支配していたジョンソン南礁、ファイアリークロス礁などを奪取すると、これらの環礁に簡単な測候所を建設した。その後、建物を徐々に補強し、最終的には鉄筋コンクリート製の永久施設を作り上げ、実効支配を確実なものにした。人民解放軍はこの時の戦いを「3・14モデル」として、ベトナムとの武力衝突に勝てるとの自信を持ったとされる。

当時の国際社会が、これらの行為を中国の長期にわたる領土獲得の一環と捉えて重大な関心を払ったようには見えない。しかしその後の歴史は中国が南シナ海における海洋覇権を確立するべく、長期戦を織り込み済みで着々と態勢を整えていったことを示している。

なかでも特筆されるのは、一九九二年に「中華人民共和国領海法及び接続水域法（領海法）」を制定し、南シナ海、東シナ海の島嶼を一方的に領土として宣言したことである。

この年は中国にとってターニング・ポイントとなる年でもあった。最高実力者鄧小平が一月から南方地域を視察するいわゆる南巡講話を行い、改革・開放に再度号令をかけたのだ。また中国共産党第十四回大会で「社会主義市場経済」が公式化されている。前年に社会主義の元祖ソ連が解体・消滅し、鄧小平ら中国共産党指導部に中国社会主義体制の将来への深刻な危機感を抱かせた結果だった。

領海法も、ソ連崩壊＝冷戦の終わりと無関係ではない。北方ロシアに対する守りの比重は軽くなり、その分、海洋の戦略的重要性が増したのである。

領海法には日本の尖閣《せんかく》諸島も入っている。これに関連して興味深い記述が『開発主義の時代へ1972―2014』（高原明生、前田宏子著、岩波書店）にある。外交部の作った草案に中央軍事委員会法制局、総参謀部弁公庁、海軍司令部、それに広州軍区や一部の地方がクレームをつけたというのだ。陸地領土として「釣魚島（日本名は魚釣島＝うおつりしま）（尖閣諸島）」の名前が明記されておらず、台湾に付属する島嶼としか書かれていなかったためだ。結局、人民解放軍を中心とする強硬論が採用され、「釣魚島」の名前も明記されることになった。

すでに体制内部が一枚岩ではなく、矛盾対立がそこに見られるが、それはさておき、同法第十四条は、外国艦船が領海及び接続水域に許可なく入ってきた場合、排除、追跡する権限を人民解放軍の艦艇、航空機に与えた。ひとたび実効支配を確立したら、軍事力も辞さず死守するという意思表示であり、海洋権益確保への並々ならぬ決意が伝わってくる。そして一九九六年には早くも日本の領海への侵入を始めた。

二〇〇六年、胡錦濤《こきんとう》国家主席が「わが国は海洋大国である」と宣言し、海軍に対して「国家の主権と安全を守り、海洋権益を守る上で海軍は重要な地位にある」と述べ、激励した。中国は大陸国家というのが大半の日本人の認識だと思うが、自らは大陸国家にして海洋国家、しかも海洋大国を目指すことをこの時すでにはっきり自覚していたことが分かる。

その後、胡錦濤は二〇一二年には共産党第十八回大会で「海洋強国を建設すべき」とも語っている。こうして海軍力の増強や海洋資源探査、シーレーンの安全確保といった海洋大国あるいは海洋強国にふさわしい取り組みが着々と進められ、二〇一五年二月、米議会上院軍事委員会公聴会は中国が南シナ海で船舶の接岸や滑走路建設のため、岩礁の埋め立てを加速していることを公表した。このうちベトナムから奪取したファイアリークロス礁で建設中の人工島は、すでに二〇一四年十一月にIHS『ジェーンズ・ディフェンス・ウイークリー』誌が衛星画像を公開している。全長三千メートル、幅二百〜三百メートル。軍用滑走路を作るのではないかと見られている。また別の場所ではタンカーや海軍艦船が接岸できる軍港施設も建設されているという（産経新聞、二〇一四年十一月二十三日付）。この結果、同礁はいまや南沙諸島一の広さとなり、事態は急進展している。

再び二〇一四年の中越対立に戻そう。それはまた中国の海洋覇権が新たな段階に入ったことを示すものだった。それまでの中国は実効支配していても、「棚上げ・共同開発」路線を採用し、勝手に掘削はしてこなかった。その一線を中国は越えたのである。今後、掘削作業が常態化すれば、南シナ海の中国内海化に道が開かれることを意味する。

テレビ映像が南シナ海に捉えた掘削リグの巨体は、台頭する中国と二重写しになる。「どうだ」と言わんばかりの威圧感。中国はこれを「動く領土」と称している。この表現もまた凄い。

掘削リグ「海洋石油981」は中国船舶工業集団公司（CSSC）が総額九十億元（約九億五千二百万ドル）と三年余りの歳月をかけて建造した。全長百十四メートル、全幅九十メートル、高さ百三十七・八メートル、総重量は三万一千トン。掘削可能深度は一万二千メートルあり、「二世紀に一度クラスの嵐」にも耐えられるという触れ込みのCNOOCの「戦略兵器」だ。何から何まですべてが重厚長大で、相手を睥睨《へいげい》するかのようである。

そしてこの「981」を守るように、中国は七隻の海軍戦闘艦艇を含む約八十隻の艦船や航空機を周辺海域に展開させた。領有権紛争で海軍艦艇が直接乗り出してきたのも近年では初めてのことで、ここでも中国は一線を越えたのだった。

一方、ベトナムも二十九隻の船舶を現場に派遣し、引き下がらなかった。五月七日、中国側は高圧水銃による放水や船体への体当たりを繰り返し、ベトナム船を損傷させた。ベトナムがその一部始終を撮影していたので、世界はこの激しく、また生々しい中越衝突を目にすることになった。中国の出方をまるで待っていたように衝突の模様をビデオに収めたベトナムは、この点では作戦勝ちだった。六月五日には中国外交部の洪磊《こうらい》報道官が定例記者会見で「ベトナムは一二〇〇回以上も中国艦船に体当たりし妨害している」と反論しているが、映像がないため迫力を欠き、視聴者には報道官の悔しげな表情がむしろ印象に残ったのではないか。

中越衝突は本格的な衝突にエスカレートしかねない危険を孕《はら》みつつあった。それまで中越の領有権問題に中立的な立場をとっていたアメリカだが、国務省のジェニファー・サキ報道官は、五月七日の記者会見で、「係争海域に石油掘削リグを設置するという中国の決定は、挑発的で、地域の平和と安定の維持に有害である」と述べて中国を非難した。

ベトナムでは激しい反中国デモも起きた。同じ共産党一党支配国家としてベトナムは中国共産党との友党関係を維持しつつも、デモを看過した。また国際社会も、ここ数年、中国の太平洋への覇権的行動が目立っていただけに擁護する国はなく、中国は孤立した。それでも掘削を中止することなく、新華社電によれば「981」は五月二十七日に当初の作業を終えると、新たな場所に移動し掘削を続けた。

ところが事態は急展開する。中国が予定より一カ月も早い七月十五日に「動く領土」海洋石油981を撤収したのだ。これで中越対立はいったん終息する。これに関して産経新聞（七月十七日付）は北京発で次のように書いている。

《中国当局は「目的は予定通り円滑に達成され、石油とガスが発見された」と説明したが、見つかった埋蔵資源の量や質などについて言及がなかったことや、米上院が「中国非難決議」を可決した5日後というタイミングから、中国は国際社会からの圧力で施設の撤収を強いられたことを強く印象づける形となった》

一カ月も早く活動を終えたのは、作業が円滑に進んだからという説明は、確かに信じがたい。四面楚歌の中で、面子《メンツ》を失わずに矛《ほこ》を収めるタイミングを計っていたと見るほうが自然だ。八月にはミャンマーでＡＳＥＡＮの一連の会議が予定されており、掘削を続行していれば会議の風向きが中国に不利となることも大いに考えられた。

では中国のベトナム対決路線は誰が、なぜ強行したのか。中国内部の齟齬《そご》の表れというのは一つの有力な見方である。本章冒頭にも引用したが、習近平が近隣外交は「隣人とよしみを結び、隣人をパートナーとする」「隣人と睦み、隣人を安んじ、隣人を富ませる」基本方針を堅持すると語りながら、その一カ月後の二〇一三年十一月には、中国国防部が東シナ海における防空識別圏の設定を発表した先例がある。

中国領空を飛ばない航空機にも飛行計画の提出を求め、中国の指示に従わない場合は軍事的な防御措置を取るという、およそ国際的な防空識別圏の常識からは考えられない設定だった。齟齬が生じる理由について先述の『開発主義の時代へ』は以下の三つの仮説を述べている。

第一の仮説は、外交部や中央宣伝部など部門間がうまく協調していないため、というものだ。加えて近年の新しい対外政策のアクターである軍や石油部門は、まず行動して既成事実の形成や利益の確保を図る傾向があるとする。

第二の仮説は、自己認識の不足だ。国力をつけた中国は各部門とも自己中心的な認識しかできない「大国症候群」にかかっており、それぞれが自分の言行不一致にそもそも気づいていない可能性がある。

第三の仮説は、異なる政策目標の優先順位が整理されていないため、すべての政策が同時に追求されて言行が一致しない、としている。

今回の南シナ海での中越対立は、どの仮説も当てはまりそうである。

問題は、中国がこれら齟齬による矛盾を容易に克服できるとは思えないことだ。だから掘削作業は早晩またどこかで再開され、衝突が再燃する可能性も皆無ではない。そしてそれがたとえ齟齬の表れだとしても、中国にとっては結果的に南シナ海の実効支配が一層強化されれば好ましい。これまでの経緯を考えれば、中国は衝突も想定の範囲だと考えられる。国際社会からの非難の嵐も、しばし耐え忍べば静まる。

ベトナムはと言えば、まともに戦って中国が勝てる相手でないことは分かっている。したがって対中戦争は絶対にしたくない。しかし領有権は譲れない。海軍の合同演習など、かつての仇敵アメリカとの防衛協力を強め始めているのも、ASEANの連携強化も、対中サバイバルの一環である。ベトナムの試練はこれからも続く。隣人と安んじる日は来そうにない。

## アメリカとよりを戻すフィリピン

中越対立が顕在化した同じ二〇一四年五月、西フィリピン海（南シナ海のフィリピン名）パラワン島西約二百キロのフィリピンのEEZでは、スプラトリー諸島セカンドトーマス礁（フィリピン名アユンギン礁、中国名仁愛《じんあい》礁）が中比間の焦点となっていた。

フィリピンは一九九九年に海軍戦闘艦「BRPシエラ・マドレ」を、ここで意図的に座礁させた。正規の海軍力ではとうてい中国に太刀打ちできないので、領有権主張のためこの座礁船に海兵隊員を交代で常駐させているのだ。

五月三日、海兵隊員への補給品を空中投下する空軍機が、周辺海域に中国のフリゲート艦や監視船など五隻の展開を確認し、緊張が走った。中国は三月にも、交代要員を乗せたフィリピン船二隻を巡視船七隻で取り囲み、二時間にわたって交代作業を妨害した。セカンドトーマス礁を含む海域すべてを自国の領海であると主張する中国は、座礁船の撤去を求め、その後も無人機を飛ばすなどして、プレゼンスを増大させている。

座礁船はすでに腐食し、艦内に水がたまり、穴の開いた床をネズミが走り回る。自家発電の電力は限られ、海兵隊員による監視はもっぱら目視中心で、唯一の通信手段である衛星携帯電話は通話料金が高額なため、緊急事態以外は使えない状態だ（毎日新聞、七月十日付）。これでは戦闘艦が朽ち果てるのも時間の問題のように思える。それでも中国は妨害を止めない。恐らくフィリピンがギブアップするまで止めないだろう。セカンドトーマス礁は今後、南シナ海の新たな発火点になるとの観測もある。

中国とフィリピンのこの攻防は、中国公船が尖閣諸島の接続水域を航行したり、領海内に侵入したり、を繰り返す中国の常套手段を連想させる。隙あらば、尖閣諸島に上陸するなど、次の段階に進むことが考えられる。

一九九五年、フィリピンがミスチーフ礁を奪われ、気がつけば中国の建造物ができていたのも、パトロールの空白を衝《つ》かれたものだった。当初、中国漁民の避難施設と称されていた建物は、その後、鉄筋コンクリートとなり、恒久的軍事施設に転用可能だ。

フィリピンは法廷闘争も繰り広げている。二〇一四年三月三十日、国連海洋法条約（UNCLOS）に基づき、オランダのハーグにある常設仲裁裁判所に中国との仲裁を求めて提訴したのがそれである。『海洋情報季報』第六号によれば、中国の九段線と南シナ海領有権の主張に反論したフィリピン側の「覚書」は十巻、四千頁に上る。

九段線とは、中国が南シナ海全域にわたる権利を主張するために一九五〇年代に引いた九本の線（一九頁の地図参照）をいう。中国の独自の境界線で、国際的には一切認められていない。九段線により取り込んだ中国の主張する領海は、まるで中国大陸からベローンと大きく伸びた「舌」のように見える。まさか係争国に対してアカンベーと舌を出しているわけでもあるまいが。

そしてこの大きく伸びた舌と重なるように引かれているのが第一列島線だ。さらにその太平洋側に引かれた第二列島線とともに中国の軍事戦略上の対米防衛ラインで、九州を起点に沖縄、台湾、フィリピン、カリマンタン（ボルネオ）島まで伸びている（一九頁の地図参照）。

フィリピンのアルバート・デルロサリオ外相は提訴した理由について、「覚書」に関する声明の中で次のように述べている。

《この提訴の究極の目的は、われわれの国益の保護である。それは、われわれの合法的な領海を護《まも》ることであり、フィリピンの子供たちの未来を護ることでもある。それはまた、南シナ海におけるすべての国にとっての航行の自由を保障することであり、地域の安全、平和及び安定の維持に資することであり、そして国際法に基づく正当で持続的な解決を求めることである》

フィリピンがここで強調していることは、海洋における法の支配と航行の自由ということだ。フィリピンは中国が提訴に応じるとは考えていない。事実、中国は提訴を無視しただけでなく、ウェブ誌『ザ・ディプロマット』（四月一日付）によれば、三月三十日の記者会見で外交部・洪磊報道官が「フィリピンは中国とＡＳＥＡＮが南シナ海での紛争を平和的に解決することを目指して二〇〇二年に合意した『行動宣言（ＤＯＣ）』に違反している。その挑発的な行動によってもたらされるすべての結果について責任を負わなければならない」と述べて、逆にＡＳＥＡＮと合意した行動宣言を盾に取って反撃している。

紛争は国際的な司法の場ではなく、当事国同士による解決を目指すというのが中国の一貫した立場だ。一対一ならば、たいていの場合、大国対小国の交渉となり、中国が優位に立てることを知っているからである。

仲裁裁判所の決定は法的義務を伴うものではない。それでもフィリピンが提訴したのは、自国の主張を国際的に知らしめることの重要性を考えるからだろう。ベトナムが映像で中国の横暴を国際世論に訴えたのと、形こそ異なるが狙いは同じである。

産経新聞のマニラ特派員として一九八七年から八八年にかけてコラソン・アキノ政権をウォッチした私には、息子であるベニグノ・アキノ三世政権（二〇一〇年六月〜一六年六月）のこうした一連の対応には隔世の感を覚える。強い対中姿勢も、主権や国益擁護の確固たる姿勢も、母コラソンの時代には見られなかったものだ。アキノ三世政権が最大の頼みとする対米関係でも母子の違いは際立っている。

米比相互防衛条約に基づくアジア最大の米軍基地、クラーク空軍基地とスービック海軍基地はコラソンの時代に閉鎖が決まった。一九九一年九月、フィリピン上院議会が基地存続を僅差で否決したからだ。マルコス大統領退陣後の新憲法は、在比米軍基地について「九一年の基地協定期限切れ後は上院が基地条約を承認し、さらに（議会が必要と認めた場合）国民投票で承認されない限り、外国基地、兵力、施設の存在を認めない」としていた。

一九九一年十一月にクラーク、翌年十一月にはスービックがフィリピンに返還された。ただしクラークの場合は、四十キロメートルほどの近さにあったピナトゥボ火山が同年六月、四百年ぶりに二十世紀最大級の噴火をして灰に埋まってしまったため、いずれ閉鎖される運命にはあった。

しかしスービックは違う。噴火の影響はあったものの、ベトナムのカムラン湾基地や中国を睨む戦略的重要性から、十年の期限延長を望んだアメリカに対して、比上院は「ノー」と回答したのだった。

マルコス独裁政権を倒したピープルズ・パワーと冷戦終結という二つのユーフォリア《幸福感》の結果というほかない。

アキノ政権時代のフィリピンは手にした自由を謳歌するとともに、独裁政権に肩入れしたアメリカへの反発もあって反米ムードが高まっていた。私のマニラ特派員時代の次のエピソードはその雰囲気をよく伝えている。

一九八七年六月、ベネチア・サミットの帰途、ジョージ・シュルツ米国務長官（当時）がマニラを訪問し、九一年に期限切れとなる在比米軍基地をテーマに上下両院の議員たちとの懇談会が持たれた。席上、基地の使用料は果たして賃貸料《レンタル》なのか援助なのかが問題となり、シュルツが「アメリカがここにいることをフィリピンが望まず、軍事施設のための場所としてレンタルしようという日が来たらアメリカはここにいることを望まない」と不快感を持って語ったことが懇談会の後、出席議員の口を通して広まった。

記者会見でも記者の一人が向こう五年間の基地賃貸料九億ドルの妥当性を質《ただ》し、ここでもシュルツは「レンタルという言葉は適当ではない。基地存続は相互利益の観点から考えられるべきで、在比米軍基地はフィリピンと周辺地域の安定に寄与している」とクギを刺した。とかくセンセーショナリズムに走りがちな比メディアの一部報道は翌日、「フィリピンが望まないならアメリカは基地撤去と警告」とエスカレートした。

基地撤廃はこのようなフィリピン社会の潮流の中で行われた。後先はあまり考えずアメリカからの自立だとしてこれを歓迎したのである。上院が僅差で撤去を決めた最終局面では、本当にこれで良いのかと危惧する国民も少なくなかった。しかし時すでに遅し、であった。そしてそのツケは大きかった。

米軍撤退による力の真空を待っていたように、一九九五年、中国はフィリピンが実効支配をしていたミスチーフ礁を警戒が手薄となった隙をついて奪取した。まず簡単な建造物を構築し、次第に施設を拡充し、事実上中国のものにしてしまった。八八年にファイアリークロス礁などでベトナムに対して行ったやり方と同じである。

中国にとってアメリカの後ろ盾のないフィリピンは、怖くも何ともないに違いない。二〇一二年にはやはり実効支配をしていたルソン島の西二百二十キロメートルにある中沙（マックルズフィールド）諸島スカボロー礁を奪われた。ここでも中国は軍事施設を建設中とされる。

奪った環礁にはまず漁民の避難のためなどと称して簡単な小屋を建て、時間をかけて拡充し、自国領土とした上で、排他的経済水域を主張する——というのが先のミスチーフ礁に見たように中国の島盗《しまとり》物語のパターンである。これらの島々はいずれも中国本土から遠い。スカボロー礁は比ルソン島からは二百二十キロメートルなのに、中国本土からは九百キロメートルもある。もともと他国の領土に押しかけたも同然で、中国にすれば、埋め立てて軍港や軍用機滑走路を作っておかなければ安心できないということだろう。しかも先述のようにピッチを速めているのである。

軍事力で中国に太刀打ちできないフィリピンは活路を求めて外交交渉に力を入れた。アキノ三世政権の前のグロリア・アロヨ大統領時代には中国との間に、総額一億ドル相当の貿易、技術および公益事業の五協定を結んだ（二〇〇七年四月）が、具体的な成果はほとんどなかった。

米軍引き揚げから二十余年が経った二〇一四年四月、ようやくフィリピンは一つの答えを出す。アメリカと期間十年の新しい軍事協力協定（ＥＤＣＡ）を結び、再び米軍のフィリピン駐留に道を開いたのである。

これは一九五一年の米比相互防衛条約に基づく枠組み合意で、両国上院の批准承認を求めない行政協定だ。フィリピン憲法が外国の軍隊の駐留を禁じているため、米軍はフィリピン軍の基地内にフィリピンの管轄下で施設を作る。ものは考えようで、この結果、米比両軍の協力関係はかえって進むかもしれない。規模や駐留期間は米比間の協議に委ねられる。

ＥＤＣＡ調印にあたってマニラで記者会見したオバマ米大統領が「ＥＤＣＡの目的はフィリピン軍の強化を図ることであり、海洋安全保障への対処だけでなく、訓練や連携の強化も促進する。ＥＤＣＡはフィリピンにおける米軍部隊のローテーションによるプレゼンスを強化する法的枠組みである。これは東南アジアにおける米軍部隊を再編するテストケースとなるであろう」と述べているのは注目される。

フィリピンは南シナ海に面したパラワン島に建設中の海軍基地を米軍に提供したい方針といわれる。アメリカの資金援助で基地を完成させ、中国への睨みを利かすという一石二鳥を考えているのかもしれない。

ＥＤＣＡは十年が過ぎると自動延長され、終了する場合は一年前に文書で通告できる。親中政権が誕生する可能性はほとんどないと考えられるので、フィリピンの方から終了を通告する可能性は低いだろう。

こうして一度は基地関係を解消したアメリカとフィリピンは、再びよりを戻した。今後は協力そして緊密化が進むだろう。しかし東南アジアでもっとも親米的といわれるフィリピンにおいても、自立志向やナショナリズムから、社会の底流に反米感情は皆無ではない。アキノ後の政権がどうなるか。その意味で駐留は決して安泰ではない。アメリカの東南アジアへの関与の在り方もまた問われているのである。これについてはアメリカの項目であらためて取り上げる。

## マレーシアは米中のいずれとも喧嘩しない

マレーシアは一九七四年、南沙（スプラトリー）諸島ツルンブ島など三つの島の領有を宣言し、実効支配している。一九九〇年初めまでは中国の領有権主張を非難していたが、九二年に中国が領海法を制定してから後は二国間協議を始めたこともあり、ＡＳＥＡＮ諸国との対立のほうがむしろ目立ってきた。漁船拿捕《だほ》の応酬はその一つだ。

一九九九年六月、マレーシアがツルンブ島インベスティゲーター礁にヘリポートやレーダー施設を備えた建造物の工事を進めたのに対して、フィリピンは正式に抗議するとともに、比海軍は近くで操業中のマレーシア漁船一隻を拿捕し、乗組員十人を密漁の疑いで拘束した。マレーシアはエリカ礁にも二階建ての施設やヘリポートを建設し、フィリピンは八月に再び抗議している。

しかし中国との南シナ海問題があらためて大きくなってきたいま、注目されるのは今後、マレーシアの対米、対中外交がどうなるかである。二〇一四年四月、マレーシアのナジブ・ラザク（ナジブ）首相は、オバマ大統領と海洋安全保障を含む包括的な協力関係の強化で合意した。オバマはこのときアジア四カ国歴訪の途次だった。

フィリピンでもEDCAに合意しているが、マレーシアとの合意を促した要因に中国の海洋進出があったことは間違いなく、マレーシアは対米外交を一歩前に進めたことになる。そもそも米大統領のマレーシア訪問自体がリンドン・ジョンソン大統領以来、半世紀ぶりのことであった。

マレーシアと言えば、二〇〇三年まで二十二年にわたって政権の座にあったマハティール・ビン・モハマド首相（在任一九八一年七月〜二〇〇三年十月）が、何かとアメリカに異議申し立てをし、対米摩擦や物議を醸してきたことで知られる。

とりわけアメリカ抜きの、日中韓、ASEAN諸国による東アジア経済協議体（EAEC）構想は大きな波紋を起こし、当時の米ブッシュ（父）政権の強い反対で葬られた。参加を働きかけられた日本も、同盟国アメリカとの狭間で積極的支持は打ち出せず、内心は複雑だったとされる。この構想の想定する国々が、かつての大東亜共栄圏構想と重なるものであったことも、当時少なからぬ臆測と波紋を呼んだ。

日本と韓国の発展に見習おうというルック・イースト（東方）政策も、欧米よりは日本、アジアというマハティール政権の特色がよく出ていた。しかし、オバマの訪問と二国間関係強化の合意は、新しいナジブ時代の到来を印象づけたのだった。

とはいえマレーシアが親米派へとシフトしたと考えるのは単純過ぎるだろう。マハティール時代も首相の反米的言辞がメディアなどで目立つ一方で、輸出入や投資、留学、文化等に見る数字は、むしろマレーシアとアメリカの緊密さを物語っており、私には首相の一連の発言は、放っておけば自国が経済のみならず、文化や社会、生活までもアメリカの影響下に置かれかねないことへの、抵抗ないしは牽制のように思えた。

異議申し立ては自立自尊とコインの裏表である。マハティールに限らず植民地経験を有するASEANの指導者は、程度の差はあれこうした意識と無縁ではない。

ナジブ政権の対中姿勢にも同様なことが言える。ナジブの父、ラザク第二代首相のマレーシアは東南アジアでは最初に中国を承認し、国連加盟を支持するなど中国に理解を示したことで知られる。このことから、息子のナジブも中国に親近感があるのではないかと見られている。その一方で、南沙諸島のマレーシアの領有権を守るためにアメリカとの協力強化に踏み切り、東マレーシア（カリマンタン島）に米海軍対潜哨戒機用の基地提供を申し出たという（『海洋情報季報』第七号）。米海軍にとっては南シナ海はじめ、マラッカ、スンダ海峡などシーレーンへの哨戒飛行が容易になる。

繰り返しになるが、だからといって中国に強硬姿勢で臨むことにしたわけではない。最優先すべきは、マレーシアの主権であり国益である。中国の支配も、アメリカの支配もどちらも受けたくない、というのが本心だろう。

二〇一四年八月、私がマレーシアを訪れていた時に読んだ地元有力紙『スター』でナジブが大学生たちと対話を行った記事があった。それによれば、ナジブはマレーシア学生指導者サミットに出席した際、学生から「マレーシアの好ましい同盟国は中国か、それともアメリカか」と質問され、このように答えた。

「好きなサッカー・チームを選ぶように単純には行かない。われわれはアメリカか中国かを選択してはいけない。両方の強みに注目しよう。マレーシアは二つのグローバル・プレイヤー（米中）と友好を維持する。しかし正しくない政策は（どちらであっても）支持しない」

私には大学生の質問にもナジブの答えにも「日本」のないことが、むしろ気になった。と同時に、日本の存在が大きかったマハティール時代との違いを強く感じた。それはナジブとマハティールの違いだけに帰することはできない。マハティール時代の日本とナジブ時代の、つまり今日の日本との違いも大きい。日本に代わって中国が存在感を増してきた。相手のせいだけではないのである。

なおブルネイはEEZを主張する側の立場であり、中国との領有権紛争はとくに起きていない。

## ASEAN流のサバイバル術

二〇一四年五月、中国の石油掘削作業をめぐって中越が睨み合いを始めた同じ頃、ミャンマーの首都ネピドーではASEAN関連会議が始まっていた。一九九七年にASEANに加盟したミャンマーにとって、初めて回ってきた議長役だった。

ASEANは議長国を原則アルファベット順で回していく。本来ならもう少し早く来たはずの議長役が二〇一四年まで延びたのは、ミャンマーの軍事政権に批判的な欧米の目をASEANが意識したことと、ミャンマー自身が自粛し議長を回避したからである。ASEANは、ミャンマーが加盟する際にも欧米からの軍事独裁政権批判を押し切って、ASEAN創立三十周年にメンバーとして迎え入れた。その後、民主化の進展の遅さにASEAN内部でも一時、ミャンマーの加盟は時期尚早ではなかったかとの反省があったが、二〇一二年のテイン・セイン政権の民主化と野党指導者アウン・サン・スー・チーとの和解が議長国就任へのゴーサインとなったのだった。

初の議長国。そこへ突如、飛び込んで来たのが緊張高まる南シナ海情勢だった。ミャンマーは領有権問題の当事国ではなく、また親中派と見られてきただけに、どのような采配を見せるかが内外の注目するところとなった。

五月十日、ASEAN外相会議（AMM）は、問題の南シナ海情勢に「深刻な懸念を表明する」との緊急声明を採択した。

声明は名指しこそしていないが、中国に自制を促したことは明らかであり、ミャンマーは、後述するように親中路線が露わなカンボジアとは異なる対応を見せた。ASEANが外相会議で緊急声明を出すのは初めてのことであり、異例でもあった。シンガポールのK・シャンムガム外相が「事態は深刻で、黙っていればASEANの信用にかかわる」（産経新聞、五月十一日付）と記者団に語ったのはASEANの総意を代弁したものだろう。

翌十一日に開かれたASEAN首脳会議も、関係国に武力行使の自制を強く求める「ネピドー宣言」を採択した。ただし外相会議の緊急声明と同様に、ここでも「中国」への言及はなかった。

南シナ海の緊迫した情勢を考えれば、名指しを避ける声明も宣言も第三者には物足りない。これをASEANの限界であると指摘するのは簡単である。しかしそれはASEANの置かれた立場、環境を考えない安易な批判でもある。

この段階で中国非難をこれ以上強めれば、加盟国の足並みは乱れる。ミャンマーと同じく中国との間に領土問題がなく、多額の経済援助を受けるカンボジアが、ミャンマーより中国寄りであるのは自明のことだったし、さらに小国のラオスは言うまでもない。ＡＳＥＡＮは中国という遠心分離機があまり強く働くと、バラバラになってしまう脆弱性と背中合わせだ。だからこそ創設以来、結束を何よりも優先してきた。ＡＳＥＡＮとしてはこれが精一杯ということだろう。初めての議長役をミャンマーはむしろうまくこなしたほうであると言えよう。

会議から約二カ月後の七月十五日、中国は予定より一カ月早めて南シナ海での石油掘削作業を終わらせた。先述のように、「(掘削が）順調に運んだから」という中国の説明は無理がある。物足りなくはあったが、ＡＳＥＡＮの緊急声明や宣言は、日米など国際社会の圧力の援軍も得て、多少の効き目があったということではないだろうか。

もう一つ考えられることがある。当初、中国が発表していた掘削作業終了予定は八月十五日だった。その八月にはＡＳＥＡＮの外相会議が再び開かれるだけでなく、ＡＳＥＡＮ＋日米中韓豪など十八カ国が参加する東アジア首脳会議（ＥＡＳ）やアジア太平洋の安全保障問題を話し合う二十六カ国と一機関（ＥＵ）参加のＡＳＥＡＮ地域フォーラム（ＡＲＦ）などＡＳＥＡＮ関連の主要会議が、八日から十四日まで目白押しだった。となれば、中国も参加する会議のさなかに係争地域で石油掘削作業を続けていることになる。それでは飛んで火に入る夏の虫も同然なことは、中国も分かったはずだ。

対中関係のさらなる悪化を望まないＡＳＥＡＮは、作業の早期終了に内心ホッとしたことだろう。もちろん今後、南シナ海で「一難去ってまた一難」という事態を考えないわけではないにしても、当面、ＡＳＥＡＮは次のように考えたのではないだろうか。

――ＡＳＥＡＮは一説に年千回以上という会議の多さから、別名ＮＡＴＯ（No Action《ノー・アクション》 Talk Only《トーク・オンリー》＝お喋りだけ）と揶揄《やゆ》されてきた。しかし右の事例をみれば、会議を開くこと、それ自体が一定の牽制役を果たし、作業切り上げを呼び込んだのだとも言える。実際、ＡＳＥＡＮは一般論としても会議の多さを肯定的に捉えている。会議で頻繁に会うことで互いに感化し合い、連帯感を高めるのだ。これこそＡＳＥＡＮ外交と言ってもよいかもしれない。これまで二国間外交を主としてきた日本外交とはまったく違うところである。

ＡＳＥＡＮが好んで使う比喩にこういうものがある。「運転席」には自らが座り、招いた大事な客（域外の関係国）は後部座席に座らせる。客はたとえ気が染まなくても、ハンドルさばきを運転手に任せるほかない。――これこそＡＳＥＡＮらしい身の処し方であり、それはＡＳＥＡＮの歴史が示してきたところでもあるという自己評価であろう。

南シナ海の荒波がいったん治まった八月、再びネピドーで開かれた一連のＡＳＥＡＮ会議は、案の定、中国に対して五月以上の厳しい内容にはならなかった。中国は事態が想定どおりに運んだと気を良くしていたかもしれない。しかし、たとえれば二歩前進のために一歩後退する。それは南シナ海問題が一時、先送りされたことをも意味する。したがって時間稼ぎをしたのは中国だけではない。ＡＳＥＡＮにもあてはまる。

ただし、双方はいつまでも問題を先送りできるわけではないし、それは時間の経過とともに膨らんでいくに違いない。なかでも焦点は、ＡＳＥＡＮが中国に求めている紛争回避のための拘束力を伴う「行動規範」の策定である。

二〇〇二年、ＡＳＥＡＮと中国は中・ＡＳＥＡＮ首脳会議で「行動宣言（ＤＯＣ）」に署名、発表した。主な内容は次のとおりだ。

一、国連憲章の目的・原則、一九八二年の国連海洋法条約、その他普遍的に定められた国際法等に対する誓約を再確認。

二、南シナ海の航行及び上空通過の自由の尊重、誓約を再確認。

三、領土権等の争いを国際法の原則に従い、平和的手段で解決する。

四、南シナ海の行動規範の採択が、この地域における平和と安定を更に促進することを再確認。達成に向けて作業することを合意。

しかし行動宣言は拘束力を持たず、立派な内容も所詮絵に描いた餅だったことは、中国のその後の海上行動が証明した。二〇〇二年と言えば領海法制定から十年が経過している。実効支配に着々と布石を打ってきた中国としては、南シナ海の領有権争いは勝負がついたとの確信があったからこそ、行動宣言という対話路線に応じたかもしれないのだ。

行動宣言から九年経った二〇一一年、中・ＡＳＥＡＮ外相会議は行動宣言実施のためのガイドラインを採択した。しかしこれも二〇一四年の南シナ海における中国の強権行使にみるように、歯止めにはならなかった。

ＡＳＥＡＮは拘束力を持つ行動規範策定の必要性をますます感じるようになる。ＡＳＥＡＮからの働きかけを当初拒否していた中国は、その後、話し合いに応じるところまで歩み寄った。二〇一三年六月、ＡＳＥＡＮとの作業部会が初めて開かれた。元駐日大使も務めた王毅《おうき》外相が中・ＡＳＥＡＮ外相会議で協議開始を確認している。ただしその後、これ以上の進展は具体的に伝えられていない（二〇一五年六月現在）。

中国のリップサービスに過ぎないのか、全面的な衝突を回避するための時間稼ぎなのか、中国内部に深刻な齟齬があるのか、あるいは国内で起きている大問題、例えば権力闘争隠しのために対外的に大きなことを仕掛けようと策を練っているのか、判断はまだつかない。ただし、はっきりしていることは、行動規範ができても、中国が核心的利益の追求を減じさせるようなことはないということである。

客観状況は行動宣言の頃と異なっている。南シナ海情勢に対する国際社会の関心の高まりである。映像や公式宣言などにより、南シナ海で何が起きているかが満天下に明らかになったのだ。したがって行動規範への関心も高い。日米豪印などからの協力・支援も始まっている（後述）。ＡＳＥＡＮは徒手空拳で中国と対峙しているわけではない。

## 各国分断を狙う中国

南シナ海問題に対するＡＳＥＡＮの取り組みは、一九九二年七月、マニラでの第二十五回ＡＳＥＡＮ外相会議において、領有権問題の平和的解決や関係当事者に自制を呼びかける南シナ海宣言を発出したことに始まる。同年二月に中国が領海法を制定したことが念頭にあったことは明らかだろう。

中国はこの南シナ海宣言について「基本原則は中国の主張と一致あるいは似通ったものである」と一応は支持する考えを表明した。また翌九三年三月の全国人民代表大会（全人代）第一回会議では李鵬《りほう》首相が「わが国に主権のある南沙問題では『論争を棚上げして共同で開発する』ことを主張し、南シナ海域の長期安定と互恵協力のために努力したい」と述べているように、南シナ海問題に対しては、棚上げ・共同開発と当事者・二国間による話し合いというソフト路線が基本だった。

一九九二年は、中国とASEANの関係がようやく始まったばかりの頃でもあった。前年九一年七月のASEAN外相会議に銭其琛《せんきしん》外相がゲスト参加したのが、中国とASEANの関わりのスタートだった。新顔らしく協調と友好の姿勢は不可欠でもあった。言い換えれば、海洋大国へ向けて抜かりなく準備する一方、身を低くして好機を待つ「韜光養晦《とうこうようかい》」（鄧小平）の外交方針が生きていた。

もっとも李鵬の言う「棚上げ」論は鄧小平が日本の尖閣諸島にも適用した巧妙な主張で、論争を棚上げするだけで領有権の主張まで棚上げするわけではない。領有権はあくまで中国にあり、これは絶対譲らない。「尖閣棚上げ論」は決して中国の平和的外交姿勢を表しているわけではない。

ところで、ASEANによる南シナ海宣言が一九九〇年代に入ってようやく出されたのは、すでに七〇年代から南シナ海の領有権問題で中国と衝突し、対中関係が自国の安全保障の根幹となってきたベトナムが加盟国でなかったことも影響している。つまり領有権の問題を対中問題として敏感に意識する国が入っていなかったのだ。ベトナムが加盟したのは一九九五年のことである。九五年はフィリピンが実効支配するミスチーフ礁を中国に奪われた年でもあった。これを受けて同年四月に開かれた中国・杭州《こうしゅう》での第一回ＡＳＥＡＮ・中国事務レベル協議（次官級）は、非公式協議で南シナ海問題を討議した。①平和解決のため話し合いを続ける②この問題が、中国とＡＳＥＡＮの加盟国の関係発展の妨げにならないようにすることで合意したが、具体的解決策はなく、前進も図られなかった。この時、現地で日本人記者団と会見した当時の外務次官、唐家《とうか》璇《せん》は「ミスチーフの構造物は漁民保護のもので撤去はしない。フィリピンと二国間で話し合っていくことを確認している」と答えている（東南アジア調査会編『ＡＳＥＡＮ協力の現状』東南アジア調査会）。事はすべて漁民保護の口実から始まることがここでも証明されている。

以後、南シナ海問題はＡＳＥＡＮ会議の恒例の議題になっていった。中国は解決の手段をあくまで「二国間の話し合い」に置いて譲らず、多国間協議への道を探るＡＳＥＡＮとは平行線のままだった。ただしこの時点で、ＡＳＥＡＮ側にも南シナ海問題を全体の問題として取り組む用意があったかどうかは疑問である。

南シナ海問題で、独自にイニシアチブを取った加盟国にインドネシアがある。ブルネイと同様、領有権問題に直接の利害を持たないが、一九九〇年から九六年まで、南シナ海問題に関する非公式会議を毎年、インドネシア各地で都合七回開催した。ＡＳＥＡＮに未加盟だったベトナム、係争当事国の中国、台湾も、すべて個人の資格で参加した。海洋資源の調査、研究開発、海洋の科学的調査、南沙諸島周辺の生物多様性に関する研究などが盛んに行われた。

カンボジア紛争でもパリ和平交渉とは別にジャカルタ非公式協議（JIM）を立ち上げ、交渉の手詰まりを打開しようとしたように、インドネシア外交の伝統的アプローチと言える。知見を深める点では意味があったが、問題の具体的解決につながるものではなかった。

それではASEANとは何なのか。ここでは短くて適切な表現の引用にとどめよう。《それは、思惑の異なる政府や利害の錯綜する企業・団体のさまざまな力が作用する場である。そしてそれらの合力の結果を受けて、必ずしも順調な経緯を辿ったわけではないが、ASEANはグローバル化する国際社会のなかを生き抜いてきた制度でもある》（山影進編『新しいASEAN』アジア経済研究所）。インドネシアは南シナ海問題でこれを地で行き、ASEANの流儀を見せたということもできるかもしれない。

思惑の異なる加盟国が順次、議長国を務めるのもASEAN流である。これが時に会議の帰趨を左右することにもなるから、域外国としてもうかうかできないし、並々ならぬ注意を払うことになる。

二〇一〇年七月、ハノイで開かれたASEAN地域フォーラム（ARF）は南シナ海問題を初めて正面から取り上げ、内外の大きな関心を呼んだ。議長国が領有権問題で中国に最も毅然とした対応をしてきたベトナムだったからにほかならない。中国は公然と不快感を表明した。一方、アメリカは事前にARF参加のすべての代表に接触し、南シナ海問題で懸念を表明するよう根回ししたという。

とくに目立ったのはヒラリー・クリントン国務長官だった。クリントンは「航行の自由と、アジア諸国への開かれたアクセス、そして国際法の尊重はアメリカの国益」と語り、ＡＳＥＡＮ加盟国の共感を得ただけでなく、ＡＳＥＡＮに安心感も与えた。

ＡＲＦが終わって間もない頃私は、会議関係者からこれを裏書きするようなエピソードを聞いた。「自らの領海である南シナ海に関して、よりにもよって中国の嫌う多国間対話の場であるＡＲＦで取り上げられたことに楊潔篪《ようけつち》外相は怒っていました。勝手に席を外してずっと戻って来なかったり、発言ではその場を独り占めしたかのように中国の立場の正当化と感情的な反論を三十分以上も続けたり、と勝手に振る舞いました。でもこの対応は『（中国の）正体見たり』と、逆効果でした。ＡＳＥＡＮはむしろ、南シナ海の自由な航行の権利を主張するアメリカ（クリントン）のほうに共感したのです」

ベトナムは二〇〇五年に発足した東アジア首脳会議（ＥＡＳ）に、アメリカとロシアという域外大国の参加を仰ぐことも決めた。中国を牽制するカードを増やす思惑からであろう（米露は翌年から参加）。ベトナムはＡＳＥＡＮ加盟後も中国を強く意識して行動している。ＡＳＥＡＮがベトナムの加盟を望んだ背景には、中国と相対するにはベトナムという存在が不可欠だったからとの見方は根強い。

ところが一年おいた二〇一二年に中国寄りのカンボジアが議長国になると、事態は一変する。カンボジアは、ＡＳＥＡＮには大事な問題がほかにもあるという形で、南シナ海問題を主要議題にすることに難色を示したのだ。フン・セン首相は「南シナ海問題は関係国間でやるべきだ」と主張し、ＡＲＦも含めてＡＳＥＡＮの一連の会議で議題にしない方針を打ち出した。「関係国間で」というのは「二国間で」を主張する中国の立場を代弁したのと同じだと言われても仕方ない。実際、中国は巻き返しに出たのである。首脳会議開催に先立ち胡錦濤は十二年ぶりにプノンペンを訪問し、無償を含む四億五千万元（約五十九億円）の資金協力を約束している。

とはいえ、「議題にせず」では他の加盟国が納得せず、議題からまったく排除するまでには至らなかった。この結果、取り上げられた南シナ海問題は紛糾し、ASEANは初めて共同声明を発表できないという異例の事態に追い込まれたのだった。団結できないASEAN諸国に失望したクリントンはARFを終えると「ASEANは、南シナ海問題について一つの声で語り、団結するべきだ」とのコメントを残して帰国した（黒柳米司編『「米中対峙」時代のASEAN』明石書店）。同じ議長国ながら、南シナ海問題で初めて緊急声明の発出にこぎつけたミャンマー、初めて共同声明をまとめられなかったカンボジアと、会議は対照的な采配ぶりとなった。

このカンボジアの事例は、中国が陰に陽にASEANにプレッシャーをかけ、分断し、中国に負い目のある議長国ほどそれを受けやすいという現実を白日の下にさらした。中国が一貫して主張している「二国間」方式は、実態を見れば中国のASEAN分断作戦を品よく言いかえた表現であることが分かる。

援助を見ても、カンボジア援助は天然資源に恵まれたミャンマーへのそれとは異なっている。国会議事堂が中国の援助で建てられたことに象徴されるように、カンボジアには経済協力以前に無償支援が多く、いきおい政治的色彩を帯びることが避けられない。

カンボジアには日本も関わりが深い。カンボジア暫定統治機構（UNTAC）の下、自衛隊が初めて国連平和維持活動（PKO）に参加し、インフラ整備など復興に貢献した。その後も政府開発援助（ODA）を通じて協力している。ところが中国の援助はこのような日本の協力を強く意識したものであることも窺える。以前、カンボジアを専門とする外交官が半ばあきれたように語っていた。

「中国はいまカンボジアで橋や道路を盛んに造っていますが、場所は決まって日本が造った橋や道路の隣、規模は常に日本製より大きい。あれはどう考えても日本の跡を消そうという魂胆です」

政府高官と違って中国からの恩恵に与《あず》かること少ない下々の国民は、中国が造った道路はすぐガタガタになり雨が降れば洪水になるが、自衛隊の造った道路はしっかりしていることを生活実感で知っている。しかし自衛隊の道路もすでに二十年以上が経過しているから、やがて痕跡をとどめなくなるかもしれない。

中国は、西側の経済制裁によって孤立を余儀なくされたミャンマー軍事政権を真っ先に承認して取り込んだように、ASEANのなかの弱い環に照準を合わせて、自陣営に囲い込む。しかもその方法や組み合わせは時と場合で自在に変わる。後にも述べるように、中国は「新型大国関係」という新語を駆使し、アメリカとの軍事衝突を避けたいと考えていると思われ、また二〇一四年五月の南シナ海での露骨な軍事圧力が外交的に敗北だった以上、ASEAN分断作戦をますます巧妙で洗練されたものにする必要があるのである。

南シナ海問題でASEANを結束させないように、ベトナム、フィリピンの二カ国と残る八カ国を分断する。しかしフィリピンとベトナムとでは扱いに違いを見せる。二〇一四年の場合も軍事衝突をしたのはベトナムとの間だけだった。フィリピンとの衝突を避けたのは、同国が同盟国アメリカとの関係を強化し駐留を認めるに至ったからだとされる。しかしベトナムの場合は、同盟は結んでいないが対米軍事協力を強めつつあるので、ベトナムだけでなくアメリカの覚悟のほども試してみたのではないかという。ＡＳＥＡＮとアメリカの両方を測っているわけだ。とはいえ党対党はこれとは別で、中越共産党同士の関係は友好的に維持するという点も見落とせない。

このような中国のあからさまなＡＳＥＡＮ分断作戦に対処する道は、一義的にはＡＳＥＡＮが結束することである。ＡＳＥＡＮが求心力を維持し、高めて行くことが問われているのだ。カンボジアの議長の下で共同声明を出せなかったことは、クリントンだけでなく、残る加盟国にとっても失望であり、ショックは大きかった。

この時、ＡＳＥＡＮの失地回復に動いたのがインドネシアである。スシロ・バンバン・ユドヨノ大統領はマルティ・ナタレガワ外相をカンボジア、ベトナム、フィリピンに派遣するとともに、残る加盟国とも連絡を図り、「南シナ海に関するＡＳＥＡＮ六原則についてのＡＳＥＡＮ外相たちの声明」にこぎつけた。共同声明が出せなかった事実は変わらないにしても、次に向けて何とか面目を施したとは言えるだろう。

ＡＳＥＡＮはまとまってこそ存在感を発揮できるが、一つにまとまれない危険とも絶えず背中合わせであるということだ。足並みを揃えたＡＳＥＡＮは、次にはその総意で日米豪印などアジア太平洋の域外国を味方にするほかないということになる。逆に言えば、南シナ海の航行の自由を尊重し、シーレーンを守り、アジア太平洋に法の支配を広めるために、日本の役割はますます重要になっているということなのである。

## 「チャイナ・ドリーム」、中華民族の偉大な復興

中国は今や、党、外交部、人民解放軍など国を挙げて、南シナ海（恐らく将来は東シナ海も）を〝中国の海〟に既成事実化しようと日夜励んでいる。

狙いは海底に眠る豊富な天然資源にあるとの指摘がもっぱらである。確かに地下であれ海底であれ、中国が資源を渇望していることは間違いない。

東南アジアや日本近海に限らず、アフリカでも南アメリカでも、そして太平洋島嶼国地域でも中国の資源獲得への渇望は止むことがない。実現のためにはアメ（援助や対話路線）とムチ（強権・軍事路線）を適宜に使い分ける。

資源が中国の発展に必要不可欠だからだ。経済成長を今後も可能な限り高い水準で維持して行くために、資源はあればあるほどよい。

しかしそれだけでないことはもう明らかだ。南シナ海を〝中国の海〟にするのが目標と初めに書いたが、これが当面の狙いとすれば、中国はさらにその先の将来を考えているのだ。その手がかりとなるキーワードは、習近平が国家主席就任演説で述べた「中華民族の復興」と、その後しばしば引用される「中国夢（チャイナ・ドリーム）」ではないかと思う。

そしてもう一つ、中国のこのような強硬姿勢の背景には、現体制の中国共産党が一党支配体制の崩壊を何としても避けたい意図も大きいのではないだろうか。中国研究家、故鳥居民の説いた「亡

党亡国」の回避である。体制の拠り所である経済は減速が顕著だし、貧富格差は拡大するばかりだ。また地方ではさまざまな不満からデモ、暴動が頻発し、インターネットは厳しい規制をかいくぐって増殖し、民意の統制管理が困難になりつつある。既得権益に安住したい一党独裁政権としては、むしろ「亡党亡国」の恐怖のほうが切迫した問題であり、チャイナ・ドリーム宣言は、ひょっとするとその目くらましという側面もあるかもしれない。

習近平体制は二〇一二年十一月の第十八回共産党大会で胡錦濤の総書記退任を受けて、同月十五日に総書記に選出され、スタートした。習近平は、それから間もなく行われた就任演説で、三つの責任（民族への責任、人民への責任、党への責任）について言及し、決意を次のように述べている。《我々の責任は、すなわち全党全国各民族人民を団結させ、率いて、歴史のバトンを受け継ぎ、中華民族の偉大な復興の実現のために努力奮闘を続け、中華民族をして更に力強く世界の民族の林に林立させ、人類のために新しく大きな貢献を行う事である》（『開発主義の時代へ』）

まるで背後からファンファーレが高らかに鳴り響いてくるような、中華ナショナリズムを鼓舞するボルテージの高い演説である。中華民族が人類のために行う新しく大きな貢献が具体的に何であるのかは不明にしても、中国共産党に忠実で献身的な若者が聞いたら武者震いしそうである。しかしそうでない中国人民は、何を言っているかと冷めているかもしれない。

この演説から二週間後の十一月二十九日、習近平は新しい中央政治局常務委員会のメンバーとともに国家博物館を訪れ、「復興之路」という展示を参観した。展示は中国が近代以来、さまざまな困難を乗り越え、共産党の領導の下に立派になった歩みを示すもので、展示を前に演説した習近平は、中華民族の偉大な復興を実現することが「中国夢《チャイナ・ドリーム》」であると強調したという。そしてその後の宣伝キャンペーンにより「中国夢」は習近平政権のキャッチフレーズのごとくなった感がある。

もっとも「中国夢」は習近平のオリジナルでも専売特許でもない。退役した元上級大佐で国防大学教授だった劉明福《りゅうめいふく》が二〇一〇年に出版した『中国夢――ポスト米国時代の大国思考と戦略的位置づけ』（*China Dream: Great Power Thinking and Strategic Positioning of China in the Post-American Age*）で、タイトルに使ったものだ。

同書は中国がアメリカに代わって世界のチャンピオンとなり、中国的な価値が世界を席巻する、そのためには軍事力を強化しなければならない。またそのためには強い指導者が必要であり、アメリカの封じ込めには武力行使も辞すべきではないという強烈な中華主義とナショナリズムに貫かれたものだった。

中国の指導者にとって、中国がアメリカに取って代わり世界の先頭に立つという考えは大いに魅力的であり、それをズバリ「中国夢」と言い切ってみせたところに、同書がベストセラーになった理由もあるだろう。またそのような強い指導者が必要であると言われれば、指導者、習近平も強く心を動かされ、取り入れたのではないだろうか。

胡錦濤の時代にすでに日本を抜いて世界第二位の経済大国に躍進した中国は、いずれアメリカに代わって世界一位の経済大国になるとの予測は多い。問題は、なるかならないかではなく、いつなるかだけだとも言われる。アヘン戦争に始まる十九世紀から二十世紀を屈辱の世紀とする中国にとって、「中華民族の偉大な復興」は悲願なのである。

しかしそこで思うことは、第一に中国の対外行動の著しく前近代的なところであり、外観は二十一世紀の装いはこらしていても、本質において清《しん》の時代の冊封《さくほう》体制や華夷《かい》秩序なるものを連想させてしまう。ASEANのなかで、かつての中国の朝貢国ベトナムが中国と最も鋭く対峙し、同じくミャンマーが中国に警戒的であるのも、「中華民族の偉大な復興」がもたらす事態の恐ろしさを、肌身で知っているからではないか。先述のとおり、ベトナムは二十世紀に入ってからも「懲罰」戦争を仕掛けられているのである。

そしてまた大国主義露わなこの「中国夢」は、果たして十三億の中国人の夢になり得るのだろうかという疑念も生む。実際、「中国夢」は、かつては「中国人の夢」と標榜された。チャイニーズ・ドリームからチャイナ・ドリームへ。中国人の夢ではなく、中国ナショナリズムの夢となったのだ。世界第二位の経済大国に躍進したとはいえ、一人あたり国内総生産（GDP）は百位前後に過ぎない。その意味では「中国は途上国」という中国指導者の言葉は当たっている。世界二位と世界百位の格差だけではない。中国人同士の間に著しい貧富格差がある。腐敗・汚職摘発のニュースでいつも驚かされるのは、中央、地方を問わず党幹部の不正蓄財の額の大きさだ。普通の中国人にはそれこそ夢のような話である。

それでも中国が中国夢に託すということなら、隣人としては、南シナ海を足がかりとした「中華民族の偉大な復興」と「中国夢」が今後、具体的にどのような形をたどるのか注視する必要が出てくるし、もし夢になり得ないことが分かったら分かったで、民からソッポを向かれることになるのだから、統治の正当性を問われる習近平政権の今後に、やはり警戒が欠かせない。

いずれにしても習近平政権は、これからも「中国夢」と伴走していくほかないだろう。二〇一四年十一月、中国がホスト国を務めたアジア太平洋経済協力会議（ＡＰＥＣ）首脳会議開催を翌日に控えた九日、ＡＰＥＣ各国のビジネスリーダーを集めたＣＥＯサミットの開幕式に出席した習近平は、「私たちにはアジア太平洋地域の夢を作り出し実現する責任がある」と演説し、ここでも中国による夢を振りまいた。相手は経済界のリーダーたちだから、言い換えれば、アジア太平洋の経済的主導権は中国が執るのだという意思表示でもあった。

ここにアジアインフラ投資銀行（ＡＩＩＢ）が登場する。新興国のインフラ整備に資金を融資するＡＩＩＢに、中国は当初、設立資金のおよそ半額にあたる五百億ドルを出資するとされ、ＣＥＯサミットに先立つ十月二十四日、北京の人民大会堂で行われた設立覚書の調印式には、インドネシアを除くＡＳＥＡＮ加盟国九カ国を筆頭に、インド、パキスタンなどアジアから中東、中央アジアまで二十一カ国が参加した。

中国は既存の国際通貨基金（ＩＭＦ）やアジア開発銀行（ＡＤＢ）で、人事を含め主導権を握れないことに長年、不満を抱いてきた。ＡＤＢは戦後間もなく、日本のイニシアチブで誕生して以来、日本人が総裁を務めることが暗黙の了解事項となってきたし、出資額も日本がトップである。中国としては、いつまでも日本の後塵を拝しているわけにはいかないとの思いが強い。幸い資金は潤沢だ。ＡＩＩＢ構想には中国のこのような意識が働いている。

いまアジア太平洋諸国、とりわけ途上国では、電力や鉄道、道路、港湾、ダムなどインフラ需要が大きい。しかしＡＤＢやＩＭＦ、世界銀行などの資金拠出には厳正な審査があり、一刻も早く資金がほしい国々には「遅すぎる」との不満が聞かれる。中国はそこを突き、資金力にものを言わせて、ＡＩＩＢを通じて気前よく貸しますという。ＡＤＢや世界銀行が透明性や公平性を考慮し、資金拠出に手間取る間に、途上国の期待と弱点をよく知る中国は素早く行動し、影響力の増大に努めるというパターンである。

打ち上げは華々しかったが、将来像はまだはっきりしない。ＡＤＢと棲み分けを図っていくことになるだろうと見る者もいれば、いずれにしろ途上国にとって役立つものになるなら、それでもよいのではないかとする者もいる。中国自身の本心もなかなか見えない。新華社通信などによると、習近平は「みなさんと一緒に努力し、平等で、包容力のある、効率の高い銀行にしたい」と語り、楼継偉《ろうけいい》財務相も「ＡＤＢや世界銀行などと緊密に協力して行く」と述べるなど、言葉は控えめである。しかしＧ７の半分強の英仏独伊四カ国が加盟申請するなど予想以上の手応えに、言葉どおりに今後も進むかどうかはまったく分からない。漁民の避難小屋が時を経て堅固なコンクリート建造物に変じるのが南シナ海での中国の常套手段だったことを思い出したい。避難小屋から砂の万里の長城へ――。まさに千里の道も一歩からである。ＡＩＩＢについてはⅢ部であらためて取り上げる。

一方で、習近平は「アジア太平洋地域で自由貿易に向けた取り組みが次々に出現し、困惑を招いている」などと述べ、アメリカを中心に交渉が進む「環太平洋経済連携協定（ＴＰＰ）」を牽制《けんせい》している。ＴＰＰが中国への牽制という意味合いを含んで構想され、主導権を握れない以上、批判を緩めるわけにはいかないということだろう。

ＡＰＥＣ開催中の十二日、習近平は政権発足以来三度目となる米中首脳会談を行い、論語の有名な一節「君子は和して同ぜず」を引用しながら、「太平洋は中米両国の発展を収められるほど大きい」などとして、持論である「新型大国関係」の構築をここでもオバマに強調した（産経新聞、二〇一四年十一月十三日付）。

もともと「新型大国関係」は二〇一三年六月にカリフォルニアで行われた米中非公式首脳会談で、習近平がオバマに提案し広く知られるようになった用語である。その意味はさまざまに解釈されているが、私には中国問題専門家、高木誠一郎の次のような指摘に頷くところが多い。高木は、習近平や中国高官たちの公式発言を精査すると、「新型大国関係」はアメリカが戦略の重心をアジアに移行させたことに対応して、対米関係でのみ「韜光養晦」と呼ばれる低姿勢を維持する意向を示唆していることが明らかになると説く（『東亜』二〇一四年一月号）。

この見方の根拠となる中国側の発言は、たとえば非公式首脳会談後の楊潔篪の説明である。それによると、習近平は会談で「新型大国関係」の内容について、①「衝突せず、対抗せず」、②社会制度、発展の道、核心利益と重大関心に関する「相互尊重」、③「協力とウィンウィン」（ゼロサムでの放棄）――であるとした。また会談から三カ月後の九月に、米ブルッキングス研究所で講演した王毅は「衝突せず、対抗せず」の重要性を説明し、アメリカの伝統的影響力と現実的利益を尊重し、アメリカを駆逐する意図がないことを明言したという。

新興大国が勃興してくる時、しばしば先行する大国と衝突し、戦争になるという歴史のアナロジーに中国はあてはまらないと言いたいのだろう。つまり、アメリカとの衝突は回避する。アメリカとは戦わないというわけだ。ただ、それが当面のことなのか、ずっとそうなのかは分からないし、アメリカ以外の、とくに大国でないＡＳＥＡＮのような国々とは「韜光養晦」路線は採らないと読むことも可能である。

米ソ冷戦下、ソ連（当時）を「共通の敵」に米中が国交正常化を遂げてから三十五年が過ぎた。いま中国はアメリカと並び立とうと躍起である。

二〇一五年三月八日、全人代で記者会見した王毅は「中米両国は大国だ。摩擦がないことはあり得ない。新型大国関係を建設することによって摩擦が一夜にしてなくなることもあり得ない。我々は顕微鏡を使って問題を大きくする必要はない。それよりも、望遠鏡を使って未来を眺めることだ。方向性を把握することだ。中米の利益はアジア太平洋地域において最も重なり合い、その連動は最も頻繁である。新型大国関係はアジア太平洋から取り組むべきだ」（『日経ビジネス・オンライン』三月十二日）と自信たっぷりに語った。

駐日大使館でまだ若手の参事官クラスだった王毅に初めて会った時、私はその物腰や語り口にモダンさを備えた新しいタイプの中国外交官を見る思いがしたものだった。それがいまでは「日本は良心的な歴史認識を持つという戦いに負けるべきではない」とまるで目下の者を諭すような口ぶりに変わっている。そして習近平と口裏を合わせるように「新型大国関係」の宣伝に努め、自ら「中国は大国」を連発する「大国外交」の先導役となった。アメリカ以外相手にせずと言わんばかりである。

ではそのアメリカはどう対処しようとしているのだろうか。

# 2章　オバマ政権、アジア・リバランスの迷走

## 大西洋国家から太平洋国家へ

いささか旧聞に属するが、二〇一一年十一月、オバマ大統領とヒラリー・クリントン国務長官は、アメリカの対外戦略の転換を内外に刻印する記念すべき演説をあいついで行った。

最初にクリントンがＡＰＥＣ首脳会議を前に十日、開催地ハワイ州ホノルルの東西センターで「アメリカの太平洋の世紀」と題する演説を行った。クリントンはアジア太平洋地域が二十一世紀の世界の戦略的・経済的中心になるとした上で、「今後、何十年間かのアメリカの国政の最も重要な仕事の一つは、外交、経済、戦略等の面で、この地域への投資を大幅に増加させることだ」と述べ、アジア太平洋地域重視に対外戦略を転換させる理由、具体的な行動方針、アメリカの決意などを明快に語った。

一週間後の十七日、ＡＰＥＣホノルル会合を終え、アジア太平洋地域を歴訪中のオバマも、オーストラリアの首都キャンベラの議会で「アメリカはつねに、またこれからも太平洋国家である」として演説を行った。ブッシュ（息子）前政権から引き継いだイラクとアフガニスタン駐留米軍が撤退を遂げつつある時、アメリカの対外戦略の重点を「世界で最も速いスピードで成長し、世界経済

の半分以上を占める」アジア太平洋地域に置くという、クリントン演説と軌を一にするものだった。

オバマはこの歴訪で、インドネシアのバリ島で開かれた東アジア首脳会議（ＥＡＳ）にも米大統領として初めて参加し、アメリカのアジア再参入、とりわけ東南アジアに戦略的関心を置いていくことを印象付けた。ＥＡＳが中国の反発を招きながらも、南シナ海の安全保障を念頭に置く首脳会議宣言を発表したのも、アメリカの参加によるところが大きかった。

後に「アジア・ピボット（アジアへの軸足）」とか「アジア・リバランス（アジア再均衡）」の表現で世界に知られることになる、第一次オバマ政権の二枚看板によるアジア太平洋重視政策の始まりだった。

クリントンは米誌『フォーリン・ポリシー』二〇一一年十一月号に寄稿したホノルル演説と同じタイトルの論文で、アジア太平洋地域への軸足の移動をさらに詳細かつ具体的に説明している。論文は「アメリカはその地理的特質により大西洋国家であると同時に太平洋国家でもある」と断りつつ、太平洋国家としてのアメリカを強調し、これがアジア・ピボットの理論的支柱となった。

オバマはすでに就任一年目の二〇〇九年十一月十四日、東京・サントリーホールでの演説で自らを「アメリカ初の太平洋大統領」と名乗り、ハワイに生まれ、インドネシアで少年時代を過ごした経験に言及しながら地域への親近感を語るなど、当初からアジア太平洋の重要性を認識していることを見せようとしていた。

政権としても同じ二〇〇九年七月、東南アジアを歴訪中のクリントンにより、ＡＳＥＡＮが域外国に対しても重視する東南アジア友好協力条約（ＴＡＣ）に調印した。中国や日本の調印に後れを取ったが（中国は二〇〇三年、日本は〇四年に調印）、それはアメリカの東南アジアへの仲間入りの証明であり、クリントンは二〇一〇年一月には、ホノルルで「アメリカはアジアに戻る。そして留まる」と宣言している。

しかし現実には、イラクやアフガニスタン問題の対応に忙殺され、オバマ政権は政権首脳による両演説まで本格的なアジア太平洋政策を打ち出すには至らなかったのである。

### 〝封じ込め〟を警戒し、巻き返しをはかる中国

二〇一一年の二つの演説は、世界のなかでますます重要性を高めているアジア太平洋地域にあって、アメリカのプレゼンスの低下に終止符を打つものとして、日本や大半のアジア太平洋諸国から歓迎された。異なる反応を示したのが中国だった。

中国にとってアメリカが外交の軸足を中東や欧州に置き、また二〇〇一年の9・11米同時多発テロ以降、タリバンやアルカーイダなど南アジアや中東のイスラム原理主義武装勢力の対策に追われることは、必ずしも都合の悪いことではなかった。アメリカが手薄のアジア太平洋なら中国はやりやすく、強硬策であれ協調策であれ、いかようにも可能だ。

前章で、二〇一四年の南シナ海における中国の強権的海洋活動について取り上げたが、オバマ、クリントン両演説が行われた二〇一一年にも中国は妨害行為を繰り返していた。

五月、ベトナム中部沖合百二十キロメートル付近で資源調査中のベトナム船に国家海洋局の海監《かいかん》総隊《そうたい》（海監）の監視船が接近し、調査船の探査ケーブルを切断した。監視船はフィリピンが領有権

を主張するパラワン島沖合海域にも出現し、エミー・ダグラス・バンク付近で建築資材を降ろしたり、ブイを設置したりするなどの活動をした。翌六月は農業部漁業局（漁政《ぎょせい》）の監視船に支援された中国漁船が、南沙諸島海域でベトナム調査船の活動を妨害し、調査船が曳航していた探査ケーブルを切断しようとした（防衛省防衛研究所編『東アジア戦略概観2012』）。

しかも一連の妨害行為は、同年四月に中国がアジア版ダボス会議と触れ込む「ボアオ・アジアフォーラム」で、国家主席の胡錦濤が「中国は引き続き友好的な話し合いを通じて、隣国との領土と海洋権益の係争を平和的に解決するよう力を尽くす」と協調的姿勢を見せて間もなく起きたものだった。初めてのことではないが、まさに舌の根も乾かぬうちに、を地で行った。

矛盾する行動は一体どちらが本当の中国なのか。これも前に述べたように齟齬の表れなのか。確かに中国の海上法執行機関は前述の国家海洋局や漁政に加えて、国土資源部、交通運輸部、公安部など多岐にわたり、政権がすべてをコントロールできていないことはあり得る。しかしそれが度重なるのでは政権指導部の統治能力が疑われるし、放置しているのなら、さらに問題である。

当事国のベトナム、フィリピンやＡＳＥＡＮ、そしてアメリカが警戒心を高め、アジア太平洋へのリバランス戦略を打ち出したのはむしろ遅すぎたくらいである。中国はすでに十分大きい。大国である。しかも強大化は止むことなく進んでいる。

オバマ政権は、国防総省の『中国の軍事力（二〇一〇年度版）』で、中国軍が有事の際に、第一列島線（千島列島、日本、台湾を経てフィリピン、インドネシアへ至る線。一九頁参照）を防衛線として米海空軍の侵入を阻止するだけでなく、第二列島線（伊豆諸島、小笠原諸島、グアム、サイパンを経てパプアニューギニア、オーストラリア西岸に至る線。一九頁参照）まで作戦の展開が可能な軍事力の構築を目論んでいると分析している。その認識はアメリカが四年ごとに行う「国防計画の見直し（ＱＤＲ）二〇一〇年」にも反映されている。

二〇一〇年の中国の国防予算案が前年実績比一二・七パーセント増の六千十一億元（約七兆五千億円＝当時のレートで換算）に上り、海軍強国を目指して海軍に重点配分されたことも対中警戒に拍車をかけた。ちなみに二〇一五年の国防予算は、八千八百六十八億九千八百万元（約十六兆九千億円）。前年比一〇・一パーセント増で、二桁増は五年連続のことである。

クリントンが二〇一〇年にハノイで開かれたＡＲＦ（ＡＳＥＡＮ地域フォーラム）で「南シナ海の自由航行はアメリカの国益である」と述べ、中国以外の多くの参加国から共感を得たエピソードは前章でも書いた。ＡＲＦを主催するＡＳＥＡＮは中・小国の集まりであるだけに、アメリカの主張に意を強くし、同じ時に行われた中国外相の楊潔篪の大国風を吹かせた演説に不快感を覚えた。アジア・ピボット政策は、いわば出されるべくして出たのである。

そうであればこそ中国は逆に〝中国封じ込め〟戦略ではないかと疑い、アメリカを非難した。アメリカの一部にも、アジア・ピボットは不必要に中国を刺激することになるのではないかと懸念する向きはあった。

封じ込めと聞いて誰もが思い浮かべるのは、一九四七年七月に米誌『フォーリン・アフェアーズ』にミスターＸの名で発表されたソ連封じ込めの論文だろう。後に筆者はトルーマン政権下で国務省政策企画部長だったジョージ・ケナンであると判明する。

《ケナンが提案した政策は、「敵対するものが改宗することによって平和が達成されるという伝統的なアメリカの夢」であり、ソ連邦が崩壊するまで、ソ連邦がどこに進出してこようとしても、「不屈の抵抗力をもって」封じ込める政策であった》（『外交』ヘンリー・キッシンジャー著、岡崎久彦監訳、日本経済新聞社）

ソ連が崩壊したのは、封じ込めから約四十年後のことである。

これに比べれば、クリントンの「アメリカの太平洋の世紀」は中国封じ込めを企図したと断言できるような論文にはとうてい思えない。時代背景も違えば、二十一世紀の中国は二十世紀のソ連ではないし、一九四〇年代、五〇年代の米ソには、今日の米中のような経済の相互依存もなかった。しかし、かつての米ソ関係との違いは米中の対立をより一層複雑にしている。核戦争への恐怖を背景にしたバランス・オブ・パワーの下での米ソ対立は、むしろ分かりやすくもあった。これに対して米中の場合は、一方が一方的に封じ込めるような関係でもなければ、米ソ冷戦時代のように世界が米中陣営に二分されているわけでもない。さらにリバランス政策は安全保障のみに特化したものではなく、政治・経済・社会まで多岐にわたり、包括的だ。

ただし中国がアメリカからの挑戦を感じ、反発するのは、クリントン論文の次のようなくだりかもしれない。もちろん封じ込めどころか、中国への言及もないが。

《アジアがアメリカの将来に決定的に重要であるのと同様に、アメリカの関与もアジアの将来に死活的に重要である。この地域は今、おそらく近代史上どの時代よりも、アメリカの指導力と責任を熱望している。この地域に同盟国との強力なネットワークを有し、領土的野心を持たず、共通の利益を提供して来た長い実績を持つ唯一の大国がアメリカである》

これは裏を返せば、唯一の大国は中国ではない、あるいは大国だとしても領土的野心を持っている、と言っているのに等しい。中国がクリントンのこうした物言いや断定に反発を覚えるとすれば、それは、中国こそが唯一の大国であると言わないまでも、アジアはアメリカの独壇場ではないと考えているからだろう。キーティング元米太平洋軍司令官が訪中した際に、中国海軍高官から西太平洋の「分割管理」を打診されたというエピソードも、同じ範疇にある。

中国について具体的に言及した部分でクリントンは、米中双方の一部に恐れや誤った認識があると指摘した上で、《事実は、繁栄するアメリカは中国に有益であり、繁栄する中国はアメリカに有益である。アメリカも中国も対立より協力からはるかに多くを得る》と協調を呼びかけている。ここで念頭にあるのは間違いなく経済である。アメリカにとっても巨大市場・中国の魅力は無視できない。

そう述べつつ、《しかし願望だけでは関係を構築できない。前向きな言葉を効果的な協力へと一貫して移すことができるか、そして極めて重要なことに、それぞれがグローバルな責任と義務を果たせるかどうかは、米中次第である。（中略）われわれは共に取り組むべき緊急の仕事を進めるのに際して、意見の相違を毅然と、かつ断固として申し述べる。非現実的な期待は避けなければならない》と牽制している。

当然と言えば当然であるし、封じ込めだけではすまない現状を語っている。論文から浮かび上がるアメリカの対中姿勢は、アメリカの優位を保ちつつ、競争的共存を図っていくことのように思える。もちろん将来にわたってそうであるかは分からないにしても。

アメリカのアジア・リバランスのもう一つの特徴は、同盟国と地域のパートナーへの評価と期待である。

アメリカは唯一の大国であるとしながらも、同盟国とともにシーレーンを巡回し、安定を維持し、安全保障を担ってきたことを評価し、今後に期待している。

《アメリカと日本、韓国、オーストラリア、フィリピン、タイそれぞれとの条約に基づく同盟は、アメリカのアジア太平洋地域への戦略的方向転換の支点である。これらの同盟は半世紀以上にわたり地域の平和と安全保障を担い、この地域の目覚ましい経済発展のための環境を形作ってきた。これらの同盟は安全保障上の課題が変化する時代に、アメリカが地域に及ぼす影響力を梃《てこ》にし、かつアメリカの指導力を強化している》

同盟国や地域のパートナーの長年の協力は重要であり、アメリカ一国だけで地域の安全保障が成り立っているのでないことを認めている。言い換えれば、応分な負担と責任を同盟国に求めているわけだ。背景に国防予算を削減せざるをえないアメリカの財政事情があるのは確かだろう。

二〇一二年一月に公表された国防総省の「国防戦略指針」も、アジア太平洋地域を重視し、パネッタ国防長官が同地域へのプレゼンスを強化するリバランスを表明している。同指針は中国について「長期的に見て、中国の台頭はアメリカの経済・安全保障にさまざまな形での潜在的な影響を持つ。地域における摩擦を回避するため、中国の軍事力の成長は、その戦略的意図に関してより高い透明性を持ったものでなければならない」とクギを刺している（防衛省資料）。

このように見てくると、二〇一四年に南シナ海で繰り広げられた中国とベトナム、中国とフィリピン、そして中国とＡＳＥＡＮとの衝突、対立、緊張は、中国がアメリカのアジア再参入という戦略転換に苛立ちや反発を覚え、挑戦し、巻き返しに出ていると考えてよいのではないだろうか。

したがって南シナ海をめぐる米中の攻防は、一方が絶対的優位性を確立するか、反対に断念しない限り、今後も続くだろう。南シナ海を完全に自分の海にしたい中国がこれを断念する可能性は低い。そうであれば、アメリカの関与も継続的に必要になる。アメリカがその意思を持続すること――同盟国や地域のパートナーにはそのバックアップが不可欠になる。

## ミャンマー制裁解除、メコン川下流計画

アジア・リバランスで、アメリカの再参入する意思がとくに顕著に見られたのが東南アジア政策である。南シナ海問題だけでなく、広範囲でＡＳＥＡＮ各国への働きかけが活発化し、増えた。

象徴的だったのが二〇一一年十一月末から十二月にかけて行われたクリントンのミャンマー訪問である。

国務長官がミャンマーを訪れるのは五十六年ぶりで、アイゼンハワー政権のジョン・フォスター・ダレス国務長官以来というのだから、訪問自体が歴史的と呼んでいい。

「あなたはわれわれにとって励みとなる存在だった。私たちが手を携えれば民主化が後退すること

はない」

クリントンがそう言って、その約一年前に自宅軟禁を解かれた民主化運動指導者のスー・チーと力強く抱き合う姿は、世界中のメディアを飾った。もしかすると大統領と国務長官の先の演説より、一枚の写真のほうが、アメリカの戦略的転換を内外に強く印象付けたかもしれない。それは二国間の接近にとどまらず、ミャンマーの対中政策の変化をも象徴していた。中国外交部はアメリカに対して「(中国の)伝統的な友好国に手を付けた」と不快感を露わにし、『人民日報』傘下の『環球時報』は十二月三十日付社説で「米国は中国のアジアの仲間を一人ずつさらっていこうとする」と書いている。

ミャンマーの民主化と脱中国依存は、同年三月の民政移管と時をほぼ同じくして始まった。長年の欧米の制裁による経済の低迷と対中依存の深まりなどによる閉塞状況は、頑迷な軍事政権にも突破口を求めさせ、これまた頑固なスー・チーも民主化への風穴を求め、双方が歩み寄ったということだろう。そのお膳立てにアメリカは一役買ったのである。

クリントンはテイン・セイン大統領とも会談した。テイン・セインは「中国は長年にわたる良き隣人であり、地政学的にも重要だ」と語り、脱中国イコール親アメリカと内外から思われないよう、慎重に言葉を選んだ。

ミャンマーと中国は国境を接し、古都マンダレーをはじめ一部は経済的に完全に中国圏となっている。また水力発電ダムは日本の戦後賠償で作られた西部カヤ州のバルーチャン発電所を除くと、大半は中国の援助で竣工したか建設途上であり、水と電気という国の根幹を中国はすでにしっかりと握っている。

その一つのミッソン・ダムの建設を地域住民が自然環境を破壊すると反対したため、政府は建設凍結を決定した。これがテイン・セイン政権の世論重視であるとして国民の好感につながったとされるが、国の動脈をこれ以上中国の手に委ねたくない政権には渡りに船の住民の反対だったかもしれない。

軍事政権はあまりに長すぎた。欧米も人権・民主化を強調するあまり、経済制裁以外の外交努力を欠いた。ようやく始まった脱中国依存だが、中国外しは口で言うほど簡単ではない。中国も手をこまぬいたままではないはずである。

それでも、クリントン訪問からあまり日を置かず、十二月中旬にミャンマーを約二十年ぶりに訪れた私は、最大都市のヤンゴン市内を歩きながら、テイン・セイン政権とスー・チー陣営の国家再建へ向けての共同歩調に対する国民の期待が、社会を明るく開放的に動かし始めているのを肌で感じた。露店の商いにはスー・チーのポスターや顔写真入りのカレンダー、Tシャツなどが溢れていた。

ミッソン・ダム建設凍結の顚末を語ってくれたのはNGO（非政府機関）の女性で、そのような団体が数多く生まれていることも二十年前にはなかった現象であり、ミャンマーの変化の証明とも言えた。クリントン訪問はこれらにも追い風となっていた。

オバマ政権によるメコン川流域国のカンボジア、タイ、ベトナム、ラオス四カ国を対象としたメコン川下流計画（LMI）も、メコンの源流が中国であることを思えば、足元に踏み込むなかなか刺激的な政策である（二〇一二年からミャンマーも参加）。メコン開発をめぐる米中対立の可能性、あるいは逆に米中協力だって考えられないわけではないし、日本、アジア開発銀行（ADB）などメコン開発のプレイヤーはほかにも多い。

二〇〇九年七月、アメリカは流域四カ国との閣僚級会合を初めて開き、保健、環境、インフラ、教育の四分野での協力と支援を決めている。

このほか、すでに書いてきたように同盟国フィリピンとの協力の緊密化、また、ベトナムとの軍事協力を含む関係の発展、二〇一四年十月に発足したインドネシア新政権との関係強化などもリバランス政策の重要な柱である。

ジョコ・ウィドドは十月二十日の大統領就任式演説で「海洋国家としての栄光を取り戻す」と宣言し、海洋国家再建を政策に掲げた。インドネシアは世界最大の島嶼国家であり、日本から中東湾岸地域に至るシーレーンはインドネシアにとって極めて重要だ。ジョコ新政権は海洋担当の閣僚を増やし、大統領直轄の海上治安会議を設置し、海洋安全保障体制の一元化を進めて行く方針を明らかにしている。

広大な排他的経済水域（EEZ）を擁するインドネシアは長年、密漁や海賊、海上での密輸などに悩まされ、沿岸警備体制のテコ入れが急務で、海洋国家再建は国内対策の面が強い。また脆弱な海軍力の強化も行われるだろう。ユドヨノ前政権下の二〇一〇年、インドネシア領ナトゥナ諸島付近での中国漁船団の違法操業で、インドネシア海軍は漁船を拿捕しながら、武装した中国の大型漁業監視船の「インドネシアのEEZとは認めない」との圧力に屈し、漁船を解放する不面目な事件があった。ナトゥナ付近には豊かな海底油田があると言われており、しかも南シナ海からそれほど遠くない。中国はここにも触手をのばして来るかもしれない。

インドネシアがＡＳＥＡＮの盟主的立場を回復し、南シナ海の領有権問題で伝統的な仲介外交を発揮できるようになることは、アメリカのリバランス政策にもプラスだろう。

## 中東の混乱、「ケリーの降伏」

アジア再参入はオバマ政権高官らのアジア訪問を活発にした。大統領、国務長官、国防長官という重要ポストのアジア訪問は、いずれもブッシュ前政権よりまさり、とくにクリントンは群を抜いて多い（ウェブ誌『ザ・ディプロマット』二〇一三年七月二十三日付）。

ブッシュ時代はコリン・パウエル国務長官が十回・十七カ国訪問、六十二日滞在、またコンドリーザ・ライス国務長官は十四回・十四カ国訪問、七十三日滞在した。これに対して国務長官就任後、最初の歴訪にアジアを選んだクリントンの場合は、十四回・二十三カ国訪問、百一日滞在とすべての面で二人を上回っている。

しかしリバランス政策は、オバマ政権が二期目に入ると後退と迷走が始まり、その本気度があらためて問われることにもなった。

それをもっとも端的に示したのも政府高官たちの歴訪先で、二期目のオバマが最初に選んだのは中東だった。またクリントンに代わって二〇一三年二月に就任したジョン・ケリー国務長官も、最初の訪問先はアジア太平洋ではなかったし、チャック・ヘーゲル国防長官の最初の外遊も中東訪問だった。

二〇一一年十一月にホノルルを訪れるや「二十五年間にわたり国務長官がここを訪問しなかった理由が私には分かりません」と演説したクリントンと、ケリーは明らかに違った。クリントンのアジア歴訪がダイナミックなもので、メディアに取り上げられることも多かっただけに、ケリーは何かとクリントンと比較され、批判を浴びた。

とくに二〇一三年七月のブルネイにおけるＡＳＥＡＮ関連会議で出席を一部取りやめたことは、ＡＳＥＡＮ諸国を中心に失望を広げた。ケリーはＡＲＦ出席を終えると、初のインドネシアとベトナム訪問をキャンセルし、中東湾岸へ向かったのだ。

私はこのニュースに、ブッシュ（息子）政権時代に国務長官のコンドリーザ・ライスがやはりＡＳＥＡＮ関連会議を飛ばして、ＡＳＥＡＮ諸国を失望させたことを思い出した。ＮＡＴＯ（前述）と揶揄されようと、ＡＳＥＡＮは自分たちが主催する会議を重視する。欠席や日程の短縮は、ともすればＡＳＥＡＮ諸国からアメリカの〝上から目線〟として捉えられがちだ。これは何もアメリカに限った話でなく、日中豪など他の域外対話国についてもあてはまる。

ケリーの中東・湾岸訪問は就任から半年間で六回を数え、エネルギーの大半が中東に使われているといっても過言ではなかった。このためケリーはアジア・ピボットに本当に関心があるのかと疑問視する声さえ上がったのだった。

たとえば米シンクタンク「新アメリカ安全保障センター（ＣＮＡＳ）」の上席研究員エリー・ラトナー太平洋安全保障プログラム副部長は、米誌『フォーリン・ポリシー』（二〇一三年七月号）でケリーのアジア軽視の姿勢を批判し、「中東訪問の合間にアジアの多国間会議に出入りするのではなく、より長期の確固たる関心を持ったアジア訪問がよい出発点となろう。軸足移動は願望だけでは実現できない」と苦言を呈している。

一方、ラトナーはヘーゲルの国防総省はアジア政策を忠実に遂行していると評価し、国務省は国防総省に追いつくことが必要だとしている。しかしその国防総省もヘーゲルが二〇一四年十一月に辞任してしまった。中東、とくにイスラム教スンニ派過激組織「ＩＳ（イスラミックステート）」やウクライナ情勢を巡って、オバマの大統領補佐官らと国防政策の対立があり、オバマによる事実上の更迭であると米メディアは伝えた。

アメリカはリバランス政策を早くも軌道修正したのか。それとも二期目の高官たちの関心を引かないのか。たとえリバランス政策に変わりがなく、軌道修正していないとしても、国務長官の顔がアジアで見えないことは、アメリカ外交にはマイナスだった。

もともとケリーのアジアとの関わりは、ベトナム戦争の兵役時代と反戦活動が有名なこと以外にほとんどない。第一期オバマ政権でやりたかったという国務長官のポストはクリントンに行き、代わりに就いた大統領特使は中東とアフガニスタンやパキスタンなど南西アジアが中心で、アジアそのものへの関心の深さは伝わってこない。しかもクリントンのアジア外交の評価が高かっただけに、ケリーならずとも前任者の後追いではなく、新たな業績を作りたいという心理が働くことは考えられないことではない。

頻繁な中東訪問が象徴するように、ケリーはイスラエルとパレスチナ自治政府との和平を目指す中東和平交渉を、最優先事項とする第二期オバマ政権の方針に沿って動いたと言える。アジアより中東が専門のケリーには願ってもないことであり、二〇一三年春以来、頻繁に両政府指導者とのシャトル外交を展開し、和平交渉の仲介に政治生命を賭けたと思わせるような熱心さであった。同年七月には三年ぶりに和平交渉が再開され、一時は明るい見通しも語られた。

確かに中東和平は中東問題の最重要課題であることは間違いない。それゆえアメリカの歴代政権がこの和平交渉に意欲を燃やしてきた。しかし結果は、オバマ政権の和平交渉もこれまで同様に暗礁に乗り上げ、頓挫してしまったのである。いや、和平交渉に留まらず、アメリカの中東政策全般が今や、危機に瀕しているのではないかと思わされる。

あらためて想起したいのは、オバマとクリントンが揃ってアジア・リバランス政策を明確にした二〇一一年とは、「アラブの春」が中東を席巻した年だったということである。チュニジアに始まって、エジプト、リビア、バーレーン、シリアと北アフリカから中東、湾岸へとそれは燎原の火のように広がり、長期独裁政権を崩壊させるか退陣に追い込んだ。アメリカも含めて国際社会はこれらを民主化の動きとみて、拍手を送った。一見、中東情勢は欧米が望むような方向で好転し、リバランス政策への追い風になると見なしうるような状況が生まれたのである。

そして「アラブの春」が本当に民主化の動きとして定着して行ったのであれば、中東はもとよりアメリカにとっても歓迎すべき展開だっただろう。

事実は逆であった。エジプトは混乱とともに軍事政権にUターンし、内戦に突入したシリアではさらに深刻な事態が進行した。バッシャール・アル＝アサド政権と戦う反政府勢力が力を蓄え、I

Sはシリアとともに米軍が撤退し、権力の基盤が弱体化したイラク両国で活動を拡大し、二〇一四年六月にはイラク北西部の都市モスルを陥落させた。これ以後、ISは急速に勢力を拡大させ、指導者アブバクル・バグダーディーはイスラム教の開祖ムハンマドの後継者を意味するカリフを宣言し、版図をさらに広げるとプロパガンダにも力を入れた。

時代錯誤としか思えないこのISによって、二〇一五年一月には日本人二人が殺害されるという衝撃的な事態も起きたのだった。

オバマ政権は「アラブの春」の後の混乱に、もっと早くに対処すべきだったし、対処の仕方も間違えた。シリアのアサド政権に対して武力行使を一度は決めながら逡巡し、ロシアのウラジーミル・プーチン大統領の仲介に委ねるという失敗を犯した。それなら初めから武力行使に言及しないほうが良かった。中東では何よりも力が信奉されるという現実をオバマもケリーも知らないはずはない。シリアでのこの失敗は中東におけるアメリカのリーダーシップを損なうこととなった。そして二〇一五年一月、オバマ政権は再びシリア政策を転換するとの観測が伝えられた。

振り返ればアメリカの中東政策には失敗と誤算が累々である。イラン・イラク戦争ではイラクのサダム・フセイン政権に肩入れし、結果はフセイン独裁体制を生み出す要因を作り、次にはイラク戦争でフセイン体制を崩壊させた。ところがこのフセイン体制の崩壊が、現在のイラクそしてシリアの混迷に繋がっている。ISのルーツもイラクにある。誤解のないように言えば、フセイン体制を残したほうが良かったというのではない。ポスト・フセイン体制の取り組みを間違えたのではないかということである。フセインとともに、支配機構のバース党を解体、スンニ派を一掃し、シーア派のヌーリー・マリキ政権に代わった。放逐されたバース党員やスンニ派が大量の武器とともどもISに合流したといわれている。

米紙『ワシントン・ポスト』は二〇一四年五月五日付の「ケリーの降伏」と題する社説で、ケリーの中東和平交渉を「ドン・キホーテのような試み」とし、「シリア内戦、中東地域で脅威を増す国際テロ組織アルカーイダ、エジプトの独裁への復帰、世界の他地域での紛争にエネルギーを使ったほうがましだった」と批判している。「たら、れば」の話ではあるけれど、共感するところが少なくない。

## ぶれ続けるオバマ外交

二〇一四年十一月、オバマはAPEC会合の北京を皮切りに、ネピドーでの東アジア首脳会議、ブリスベンのG20首脳会議とアジア太平洋三カ国（中国、ミャンマー、オーストラリア）を歴訪し、アメリカのアジア太平洋地域重視はオバマ政権の基軸であり、リバランスに変わりのないことを訪れる先々で強調した。

しかし内実はどうであったか。オバマの久々のアジア太平洋外交は日本やASEANなど域内国にとって物足りないものだった。

歴訪には中間選挙で民主党が歴史的大敗を喫した直後というタイミングの悪さがあったし、ネピドーでの東アジア首脳会議は、共和党との対立による連邦政府機関の一部閉鎖のあおりで前年の会議を欠席したマイナスを負っての参加でもあった。しかしこれら不利な条件を差し引いても、歴訪はオバマのアジア太平洋重視戦略の本気度に対する疑問が、払拭されるどころか逆に深まる印象を残してしまった。

ＡＰＥＣ北京で行われた米中首脳会談は、習近平の攻勢が目立ち、オバマは受け身に回った。海の「航行の自由」をアメリカの国益と位置づけたのはよいとしても、領有権争いには国際法による平和的解決を述べるのみで、いわゆる「巻き込まれる」ことを警戒しているのではないかと疑心暗鬼を抱かせた。また「尖閣《せんかく》」や中国が一方的に設定した「防空識別圏」には一切言及せず、四月訪日の際に尖閣諸島を日米安保条約第五条の適用対象と明言した時のオバマとは別人のようだった。

オバマはまたアジア・リバランスの核心が中国との緊密な協力であるとも述べた。これは第一期政権で打ち出されたリバランスからの明らかな変質である。本章の冒頭で取り上げたクリントンのホノルル演説はそんなことを言ってはいない。中国との協調がいけないというのではない。リバランスの本意がいわば改竄《かいざん》されてしまっている。アジア・リバランスには中国の軍事的台頭や傍若無人な海洋活動に対する警告の意味合いが込められていたはずである。

一方、ブリスベンの演説では、東シナ海や南シナ海問題を念頭に、「大国が小国を脅かすような威圧や威嚇でなく法とルールにのっとり、平和的解決を基本にしなければならない」とした上で「同盟国に対するアメリカの防衛義務への決意を疑うべきではない」と中国を牽制した。これらからは、状況によって発言をくるくると変える外交の基軸の定まらないオバマ像が重なるのである。

中国の提案である「新型大国関係」への対応にも同様なことを感じる。二〇一三年六月、カリフォルニアのサニーランズ荘園で行われた非公式首脳会談で習近平から「新型大国関係」を提案されたオバマは、その後の記者会見や補佐官による説明などに基づけば、提案を受け入れたわけではない。表現自体を自分からは使っていない。中国側は両首脳が関係構築で合意したと報道したというが、中国の報道や発表に百パーセントの信頼度を置くことができないことは周知の事実である。希望的観測でなければプロパガンダの類《たぐい》である。

ところがその後、同年九月の習近平との二回目の会談で、オバマが「われわれは新型大国関係構築を続けることで合意した」と発言したことが伝えられた。さらに十一月にはオバマの信頼が篤いスーザン・ライス安全保障担当大統領補佐官がこれを追認したと受け取れる発言をした。偶然の一致かもしれないが、中国が尖閣諸島上空を含む東シナ海の空域に、およそ国際的常識からかけ離れた防空識別圏（ＡＤＩＺ）を設定したのは、それから間もなくのことだった。

「新型大国関係」は北京での首脳会談でも習近平によって繰り返された。新華社通信は例によって、アメリカが中国と一緒に「新型大国関係」を構築したいとの意思を示したと報じた。しかしアメリカ側の発表によれば、オバマは一度もこの表現を使わなかった。こうなると中国側の発表や報道は確信犯的といってもよいかもしれない。アメリカが否定しても、世界に配信された新華社電を信じる国も人もいる。

中南海での首脳会談は、サニーランズでの八時間には及ばなかったが、それでも五時間に及んだ。最後の別れ際に交わされたという二人の言葉が米中首脳の心境をよく伝えている（日経ビジネス・オンライン）。

「私の任期はあと二年しか残っていない」（オバマ）

「二年という時間は短くない。あなたはこの間に新たな、輝かしい業績を打ち立てることも可能だ。この二年の間に、あなたが中米新型大国関係を強化・発展させることを私は望んでいる」（習近平）

相手がイエスと言うまで、習近平は諦めることなく「新型大国関係」を言い続けるのだろう。「新型大国関係」を構成する三本柱「衝突せず、対抗せず」「相互尊重」「協力とウィンウィン」は、アメリカがそう簡単にイエスといえるような内容ではないと分かっていても、相手におかまいなく自説を通すのが中国のやり方なのである。

二〇一五年一月二十日夜（日本時間二十一日午前）、オバマが上下両院合同会議で行った恒例の一般教書演説には、アジア・ピボットもアジア・リバランスもなかった。中国の軍事的脅威への警告もなかった。ＩＳの勢力拡大など中東の混乱が一段と悪化している国際情勢があるとはいえ、《アジア太平洋地域への言及はわずかに五十六語にすぎず》（産経新聞、一月二十二日付）との報道には、失望を通り越して唖然とする。

アジア・リバランス政策が中東やウクライナをはじめとする国際情勢の行方と密接に関連しているのはもちろんである。アメリカがグローバル・パワーであり続ける限り、関与の対象が中東だけでも、アジア太平洋だけでもないのも当然である。とはいえオバマ外交は、船にたとえると海図なしの航行をしているように思えてならない。

私はアメリカの最大の強みとは、いかなる状況からも再生する復元力にあると考えてきたし、今もそう考えている。しかしオバマの任期が終わる二〇一六年まで、日本はリーダーシップなきアメリカ外交が続くことを覚悟したほうがよい。そしてその間にも、中国の大国化はいよいよ進み、不透明さも増していくことだろう。

逆に言えば、だからこそ同盟国や地域のパートナーの役割が一層重要になるとも言えよう。日本も傍観者ではいられなくなってきた。日本はどのようなプレイヤーであればよいのだろうか。このことを考える前に、存在感を増すＡＳＥＡＮについて概観しておく。

# Ⅱ　存在感を示すゆるやかな連合体、ASEAN

## 3章　東南アジア同士が争わない〝仕掛け〟

### クアラルンプールで聴いた『支那の夜』

それは二〇一四年八月下旬、マレーシアのクアラルンプールで、元外務大臣タン・スリ・ガザリ・シャフィー（ガザリ。一九二二―二〇一〇年）を知る人々が一堂に会した夕食会でのことだった。皆、ガザリについて調べているという私のために、集まって下さった方々だった。

顔ぶれは、マレー系、中国系、インド系といかにも多民族国家マレーシアらしく多彩で、それぞれ夫人を同伴し、年代もガザリに近い高齢の紳士から四十代の壮年まで、ガザリとの関係も外務省の元同僚や後輩、そして趣味でもあった飛行クラブの仲間、さらにはマレーシア国立歴史博物館でガザリの評伝を編纂したアーキビスト（公文書管理者）までが顔を揃えた。

この評伝のタイトルは『*King Ghaz*（キング・ガズ）』といい、ガザリの外務省でのニックネームを取っていた。Ghaz はガザリの名前 Ghazali（ガザリ）から来ているが、当時マレーシアで人気だったコミックの登場人物、King Guzzle（キング・ガズル）の愛称 King Guz から命名されたという。

Guz がコミックの中の王国を支配していたように、Ghaz も外務省を支配していた king（王）というわけだ。仕事は有能、がっしりした体軀で、存在感は抜群だった。後輩の元外交官氏が「ガザリはとにかくシャープで頭の回転が早く、誰もが一目をおいていた」と半ば感心したように言うと、一同が頷いていた。

趣味で始めたフライングは、政治家に転身すると地元パハン州に帰るための貴重な足となり、自ら操縦桿を握ったガザリはますますフライングに熱中した。一度は九死に一生を得る大事故にも遭い、機体はバラバラとなって山中に飛散、米紙ニューヨーク・タイムズはガザリの死亡を報じ、結果的に誤報となった。

事故はパハン州への帰途起きたが、この時はパイロットが操縦していた。視界が悪く、山が迫り高度を上げようとしたが間に合わずに飛行機は激突、パイロットは死亡した。ガザリはと言えば、その直前、飛行機から飛び降り、助かったのだった。

この武勇伝にフライング・クラブの仲間たちだけでなく皆がガザリらしいと感嘆した。王様のニックネームと言い、肝が据わった人物像が彷彿とされた。

食後のデザートが運ばれ、夕食会もそろそろお開きに近づいた時、テーブルの一角から歌声が聞こえて来た。オヤッと、皆が話をやめて一瞬、辺りが静かになると、それは日本語の『支那の夜』であった。

唄っていたのは、インド系の著名な元判事で、八十歳を過ぎた高齢にもかかわらずよく通る美しい声だった。

支那の夜、支那の夜よ
港のあかり、むらさきの夜に
のぼるジャンクの　夢の船
ああ、忘られぬ胡弓《こきゅう》の音
支那の夜、夢の夜

これまで東南アジアの取材で、現地の人々が童謡や小学唱歌など古い日本の歌を口ずさむのを聴いた経験は、ないではなかった。しかし日本でもう久しく耳にすることのなくなった『支那の夜』を、クアラルンプールの夜にマレーシア人から、しかも完璧な日本語で聴くとは、私にはちょっと言葉には表せない、とても複雑な驚きだった。

私の耳に今も残っている『支那の夜』は、この歌を唄った、しかし恐らくもう晩年に近かった渡辺はま子の歌声である。まるで時計が止まったようなノスタルジックなチャイナドレスに扇子というお馴染みの姿も瞼に焼き付いている。渡辺は私の住む横浜の名士でもあったから、よけいに身近な存在だった。

　ただよく考えてみると、渡辺がもっぱら唄っていたのは、『支那の夜』ではなく『桑港《サンフランシスコ》のチャイナタウン』や『夜来香《イエライシャン》』だった気もする。実際、渡辺はＮＨＫの紅白歌合戦に九回出場（一回は特別出演）しているが、調べてみると『支那の夜』は一度も唄っていない。やはり『桑港のチャイナタウン』か『夜来香』、そして『ああモンテンルパの夜は更けて』などだ。戦後、日本では支那という言葉がタブー同然になったことが影響しているのだろう。

　ここであらためて『支那の夜』を説明すると、作詞家でありフランス文学者でもあった西條八十《やそ》の作詞で一九三八（昭和十三）年十二月、コロムビアから発売された。先の歌詞は一番で三番まである。

『西條八十』（筒井清忠著、中央公論新社）によれば、作詞を頼まれた八十はフランスからの帰りの船で中国の医学生と親しくなった時の体験を歌にしたという。上海に着くとこの医学生に夜の町を案内され、八十がフランスの詩人たちに愛飲されていた阿片《アヘン》に関心があるのを知ると、阿片窟まで連れて行ってくれた。だから八十は歌詞を「阿片の煙　むらさきの夜」と書いたのだが、検閲によって「港のあかり　むらさきの夜」に変えられたのである。

　時代はすでに日中戦争が泥沼に入りつつあり、レコードの歌詞も検閲を受けるようになっていた。その上、コロムビアは戦争相手の国をテーマにした歌など売れるはずがないと、『支那の夜』を軍歌調の歌のレコードの裏面にした。ところがこれが一大ヒットとなり、一九四〇年には映画『支那之夜』も作られた。映画で「抗日から転向し、日本人を慕う中国人女性」を演じたのが、二〇一四年九月七日に九十四歳で亡くなった山口淑子（当時は李香蘭《りこうらん》）で、相手役は長谷川一夫だった。『支那の夜』は英語名「チャイナ・ナイト」で世界にも広まった。

《太平洋戦争がはじまると米軍は『リリー・マルレーン』と同じようにこの曲を宣撫に使うと同時に、日本研究の材料にこの映画をとりあげたので、この曲はアメリカ兵にもよく知られることになった。戦後日本にやってきた駐留軍のアメリカ兵士たちは競ってこのレコードを求めた。……朝鮮戦争を扱ったＲＫＯ映画『零号作戦』（昭和二十七年。日本公開二十八年）では主演のロバート・ミッチャムが日本語で、アン・ブライスが英語でこの曲を歌っている》（『西條八十』）

『支那の夜』は日中戦争、太平洋戦争、さらには朝鮮戦争と、戦争と分かちがたく結びついている歌なのだ。

夕食会に話を戻そう。聞こえてきた歌声に合唱こそ起きなかったが、何人かが「あら、知っているわ」とばかりに小さな声でハミングをし、何とも言えないなごやかな空気が室内に流れた。東南アジアの、ある年代以上の人々にとって、「日本」とはこのような形で存在しているという歴史の実相を、私は目の当たりにした思いだった。

『支那の夜』の大ヒットから三年ほどが過ぎた一九四一年十二月八日、日本は米ハワイ・真珠湾とともに、香港、マラヤ（現マレーシア）、フィリピンなどでも一斉に戦端を開いた。マレー半島西海岸のコタバルなどから上陸した日本軍は、半島を統治・支配していたイギリスの拠点を次々に攻略しながら一気に南下し、翌年の一月上旬にはクアラルンプール、同月末には最南端のジョホール・バルを占領。二月十五日には要衝シンガポールも陥落させ、日本の東南アジア占領がスタートした。

『支那の夜』を口ずさんだ元判事が十歳の時だった。学校では日本の教育が始まり、日本語の読み書き、歌を教えられた。やがて食糧不足のため、十一歳そこそこで大人たちと一緒に日本の会社で働く苦労も体験した。あるインタビューで彼は「日本の占領は世界のいかなる大学もなしえないことを私に教えてくれた」と、日本を非難するのでも、賛美するのでもなく、まことに含蓄深い言葉で語っている。

夕食会で元判事だけでなく同席者たちがハミングできたのは、次のような説明でより一層納得できるかもしれない。

《日本語教師は、日本の歌が「きわめてアジア人の心に触れること」、「年寄りから幼児にいたるまですべての年代に知られていること」を知って、広く教材として利用した。戦時中に日本語を学んだ市民は、軍歌、童謡、日本の情景（富士の美、さくらなど）を歌った抒情歌など日本の歌をよく憶えている。ある者は五〇年を経た今でもそれらを口ずさむことができるし、日本の国歌キミガヨ（君が代）を聞けば、その歌詞が頭の中を駆け巡るという。生徒たちは授業内容をただおとなしく学ぶのではなく、カキクケコをkakiku bengkok（マレー語で「私はがに股」の意）、ニッポンゴをNippon Go（日本は出て行け！）などと茶化して覚えようとしたため、年長者は真っ青になったという》（ポール・H・クラトスカ著、今井敬子訳『日本占領下のマラヤ　１９４１―１９４５』行人社）

### 街中にあふれるマレーシア国旗

二〇一四年八月下旬、マレーシアの首都クアラルンプールは、五十七年目の独立を祝う赤白青黄の国旗がビルというビル、レストラン、ブティック、電信柱、公園と、そこここに翻《ひるがえ》っていた。とりわけムルデカ（独立）広場や、現在は最高裁判所になっている旧連邦事務局ビルをはじめ政府関係の建物が集まった界隈は、まるで国旗の洪水が起きたかのようだった。

警察の瀟洒な白い高層ビルの窓という窓には国旗のオンパレード、さらに最上階からは目をむくような何十メートルはあろうかという長い国旗が垂れ下がっている。皇居のお堀端に立つ警視庁の建物の窓という窓に、日の丸の国旗がはためいているなどという光景を果たして想像できるだろうか。日本では日の丸一本を掲げるのさえ大変な場所がある。

マレーシアで八月はムルデカの月と言われる。一九五七年八月三十一日、初代首相トゥンク・アブドゥル・ラーマン・プトラ（ラーマン）は、独立広場からマレーシアの前身であるマラヤ連邦のイギリスからの独立を宣言したのだった。

そう言えばかつてインドネシアを八月に訪れた時も、赤と白の国旗が町に溢れていたのを思い出す。インドネシアのムルデカの月も同じ八月。こちらは十七日で、初代大統領スカルノが首都ジャカルタのメンテンにある自宅の前で、妻ファトマワティが手作りした国旗の下、独立宣言文を読み上げた。「これで国旗を作りなさい」とファトマワティに白と赤の布地を差し出したのは、負けた日本のジャワ駐留第十六軍の将校であったという。

とはいえ二つの国の独立への道は対照的である。インドネシアは宗主国オランダとの激しい独立戦争で多くの血を流した末に勝ち取り、一方マレーシアはラーマンらがイギリスと交渉し、一滴の血も流さず実現した。

植民地を失いたくないのはイギリスもオランダと同じだったが、第二次世界大戦後の世界の植民地独立の流れをもはや不可避と読んでいたイギリスは、権益と影響力を残すべく、十六歳からケンブリッジに学び、イギリス生活が長く、なかなかの社交家でもあったラーマンを首相とすることで、上手くやっていこうと交渉に委ねたのである。

ただし二カ国の独立には共通点もある。どちらも独立への前段階として太平洋戦争による日本占領期があったことである。この点はミャンマーやフィリピン、ベトナムなど他の東南アジア諸国にも当てはまる。

東南アジアで日本の占領を経験せず、第二次世界大戦が終わった時に独立国家であったのはタイ一カ国に過ぎない。残る国々・地域はアメリカ、イギリス、フランス、オランダ、そしてポルトガルの統治下にあった。世界各地の植民地主義は早晩、葬り去られる運命だったとしても、日本の占領が東南アジア諸国の独立への歩みを加速させたことは間違いないだろう。

## 元外相ガザリの先見性

私がクアラルンプール再訪を思い立ったのは、初代首相ラーマンの片腕として副首相兼国防相を務めたトゥン・アブドゥル・ラザク（ラザク）の下で外交を担った、冒頭で紹介した元外相ガザリについてあらためて知りたいと思ったからだった。

一九九六年二月から九八年七月までの二年半、産経新聞のシンガポール支局長として東南アジア報道に携わり、その間、隣国マレーシアにも何度か出張する機会があった。それらはＡＳＥＡＮの一連の会議の取材だったり、日系企業の取材だったり、さまざまだったが、ガザリにインタビューしたのは一九九七年四月のことだった。

二十世紀に起きた世界史に残る歴史的事件を取り上げる長期連載「20世紀特派員」の取材の一環で、ガザリ取材の目的は、マレーシアとインドネシアの関係を一触即発の危機にまで悪化させた、スカルノによる一九六三年の「コンフロンタシ（対決）政策」と、六七年に東南アジア五カ国が参加し発足したASEAN誕生の経緯について聞くためだった。

対決政策は一九六一年、マラヤ連邦の首相だったラーマンが、シンガポール自治領とボルネオ（サバ、サラワク、ブルネイ）の英領植民地を統合するマレーシア連邦構想を発表したことを発端としている。当初は表立って反対していなかったスカルノだが、六二年末にブルネイで連邦構想反対の反乱が起きるとこれを支持し、構想の背後には英植民地主義があるとして反対に転じた。そして翌六三年一月、連邦構想はインドネシアの安全を脅かすものであると、スバンドリオ外相がコンフロンタシを発表した。国内では反マレーシア、さらには反イギリスのデモや暴力事件が吹き荒れ、国連脱退宣言まで行うなどしたため、国際的にも当時の西側陣営を敵に回し、最終的にはスカルノ体制そのものを崩壊させることにもなったのだった。

冷戦時代の東南アジアの歴史を画したこの二つの事件で、ガザリは仲介者、あるいは影の立役者とみなされてきた。

一九九七年四月、クアラルンプールの高級住宅街アンパン地区にある自宅を訪ねると、すでに現役を引退していたガザリはラフな格好でくつろいでいた。けれどひとたびインタビューが始まると、小柄な体から醸し出される迫力にはいい意味での山っ気があり、話が外交の舞台裏に及ぶと、それはどこか秘密めいたものとなり、強烈で忘れ難い印象を受けた。残念ながらその後、再会する機会はなく、ガザリは二〇一〇年一月二十四日に八十七歳の生涯を閉じた。

長い記者生活では、このように一度きりの出会いに終わった方々が少なくなかった。だから私は唐の詩人、于武陵《うぶりよう》の五言絶句で井伏鱒二によって訳された「ハナニアラシノタトヘモアルゾ『サヨナラ』ダケガ人生ダ」という詩（「勧酒」）が気に入っている。まるで新聞記者のためにあるように思えるからだ。

しかし、二〇一二年、拙著『インドネシア9・30クーデターの謎を解く』（草思社）を書くために当時の資料を開くと、ガザリの言葉があらためて今日的な意味をもって迫ってくるような気がした。そのことはとりわけガザリが「参考にしてほしい」と言って渡してくれた、ASEANに関して行った彼の講演録のファイルに当てはまった。

講演録でガザリは、ASEANのさまざまな側面について語っていた。ASEANがインドネシアとマレーシアの「対決政策《コンフロンタシ》」が終わった結果、生まれたこと、従ってそれは東南アジア諸国同士が二度と仲たがいしない、つまり衝突しないための仕掛けでもあること、そのことが大事であるのは東南アジア諸国が二度といかなる外国の支配も受けないためであること、さらに、ASEANは東南アジアだけでなく、アジア太平洋の繁栄と平和のために必要不可欠なものであることなどである。また、それらにはASEANの将来に対するガザリの期待も込められていた。

いまあらためてASEANを眺めれば、ガザリの見通しは大筋において当たっており、期待に応えて歩んできたASEANが存在している。元ASEAN大使を務めた外交官はASEANについて「あれ（を考えたの）は頭がいいです」と語ったものである。「頭がいい？　それはどういう意味で」と尋ねると、外交官はこう続けた。

「東南アジアの安定の礎《いしずえ》になったということです。ASEANがあるおかげで、今の東南アジアは非常に安定している。それまで対立していたのに、対立を克服し、争わなくなった。これがASEANの果たしたもっとも大きな貢献でしょう。一九六七年（創立）の人々は立派だったと思いますね」

まさにガザリが言っていた「争わない仕掛け」というわけである。もちろんガザリの生きた時代は、中国の今日ほどの経済的・軍事的台頭をまだ知らない。南シナ海の領有権をめぐる中国の強圧的行動と、それに対するASEANの対応、そして加盟国への分断工作も知らない。しかしガザリが強調する、ASEANがASEANとして一つにまとまるといったような提言は、これらの新しい事態に対しても応用できそうに思える。外交官も述べるように安定の礎となり、協力のハブ（拠点）としてのASEANは国際社会において政治的にも経済的にも注目を集める存在となり、今後の動向に関心が持たれている。日本でもASEANの日本にとっての重要性がとみに語られるようになった。

ガザリの講演録を読みながら、私は彼に会った当時にも増して、日本はASEANのことをもっと知らなければいけないと思ったのだった。

## 対決《コンフロンタシ》政策の灰燼の中から

近年、存在感を増すＡＳＥＡＮの、まず始まりである。ＡＳＥＡＮ誕生の影の立役者と言われるガザリ・シャフィーは「ＡＳＥＡＮはコンフロンタシの灰燼の中から生まれた」というのが持論だった。コンフロンタシについてもう一度簡単に解説すると、マレーシア独立の際に構想された「マレーシア連邦」に反対したインドネシアの初代大統領スカルノが、一九六三年に発表した対決政策をいう。これに対して当時外務省の次官だったガザリは、副首相アブドゥル・ラザク（現在のマレーシア首相ナジブ・ラザクの父）の命を受け、両国の衝突を回避するために交渉に乗り出す。ガザリは表玄関のインドネシア外務省とは別に、スカルノの政策に反対する国軍幹部たちと密かに接触、衝突回避を働きかけ、賛同を得るのに成功する。

指導者は威勢よく対決を叫んでも、実際に命を賭けて戦うのは軍人たちで、どちらも戦争をやりたくなかったのだ。とくにインドネシア側はマレーシアの後ろにいる手強いイギリスと正面衝突することを恐れた。

両者のパイプはどのように作られたのか。ガザリはインタビューで「とにかくいろいろなことをやった」というだけで、手の内は明かしてくれなかった。しかし機微に触れる危ういことも含めて、文字どおりいろいろあったであろうことは言葉の端々から容易に想像された。米国務省公文書で明らかになっていることは、両者は第三国タイのバンコクでしばしば密会を重ねたということである。外交官が頻繁に行くと目立つので、エアラインの客室乗務員を装った例もあるようだ。

「ニッポン精神（のおかげ）だ」と、そこだけは日本語をまじえて煙に巻かれたこともあった。日本占領時代、日本語を学ばされたのでガザリは一時期日本語の教師をやっていた。しかし仕事が気に入らず、辞めた後はマレー人抵抗運動「ワタニア（祖国を守る）」に参加し、イギリスと協力しながら抗日地下運動に従事した。したがってインテリジェンスにも通じていたから、秘密の連携工作などはお手の物だったのだろう。

ラザクとの関係も大きい。二人はワタニアの同志である以前に、ともに一九二二年に生まれた同郷（パハン州）の士で、シンガポールのラッフルズ・カレッジで席を同じくした。留学先こそイギリス国内で分かれたが、いわば少年時代からの腹心の友で、だからこそラザクは新しい国の命運を握る重要な任務を安心して委ねることができた。

ラザクの期待どおり、インドネシア側の信頼を得ることに成功したガザリのカウンターパートは、当時まだ戦略予備軍司令官だったスハルトの下にいたアリ・ムルトポとその部下たちだった。ムルトポは後にスハルト政権下のジャカルタで起きた反日暴動に関与し、スハルトから大統領補佐官の職を解かれたその人である（6章参照）。

ガザリの対インドネシア交渉は、結局スハルト—ムルトポのラインで行われた。大統領スカルノやスバンドリオ外相の「マレーシア粉砕」という表向きの勇ましい掛け声とは別に、戦争となれば戦う軍同士が歩み寄り、対決政策を骨抜きにしてしまったのだった。

また対決政策はスカルノが国連脱退宣言をするなど強硬外交だったから、西側国際社会をも敵に回した。孤立を深めたスカルノはますます中国に傾斜した。その最中に起きたのが一九六五年十月一日未明に始まる陸軍左派将兵らによる9・30クーデター未遂事件で、これを契機に権力はスカルノからスハルトへと移り、コンフロンタシは終わった。

ASEANが両国を含む東南アジア五カ国で発足するのは、その二年後の一九六七年八月八日のことである。

ガザリがASEAN創設の影の立役者と言われる理由は、マレーシアとインドネシアの一触即発の危機を単に回避させせただけでなく、対決政策の終焉とASEAN設立とが密接に関連しているからである。対決政策の終わりが紛争の平和的解決を目指す地域機構設立の機運を育んだことや、設立に伴うさまざまな実務にガザリとムルトポ、後に外相となるアダム・マリクらインドネシア側とのパイプが引き続き活かされたことなどがある。

ガザリはASEAN創立三十周年にあたる一九九七年に、『アジアウィーク』誌十二月十二日号でASEAN発足に至る舞台裏を語っている。それによれば、ムルトポと二人で偶然そのアイデアを思いつき、構想を公にするまでに二年を要した。八月八日の五カ国外相によるASEAN設立宣言（バンコク宣言）の署名まで、すべて秘密だったという。

偶然の思いつきに始まり、具体化されるまで二人だけの秘密だったというのは、ガザリ特有のレトリックだろう。言わんとするところは、話が漏れて関係ないところから横槍が入ってアイデアが頓挫しないように、機密保持に万全を期して進めたということだと思う。

秘密主義に陥りはしないかという当然予想される疑問には、同誌で次のように応えている。

「透明性は交渉当事者の間で保つ。交渉者は互いにすべてを知っている。透明性とはそういうものだ。この点でわれわれと欧米の考え方は違う。（物事は）互いの背景、そして強さも弱さもよく知り、責任を取れる人間に任せた方がよい」

情報の無条件の透明性や公開の原則は必ずしも金科玉条とは考えないのだ。ガザリの交渉術とともに、彼の民主主義観も窺えるような気がする。

たしかに設立宣言には「民主主義」という言葉はどこにもない。それは原加盟五カ国が、開発独裁（インドネシア、フィリピン）か、それに準ずる（マレーシア、シンガポール）国々と王制（タイ）であったことを考えれば当然とも言えよう。しかし宣言自体は、簡潔にして十分考え抜かれた文言から成っている。平和、自由、社会正義、経済的安寧、繁栄という表現に込められた創設者たちのＡＳＥＡＮ設立への思いが伝わってくる。

評伝『*King Ghaz*』には、ＡＳＥＡＮ創設の瞬間に立ち会うためクアラルンプール国際空港を一緒に歩くガザリとラザクの写真が載っている。キャプションには「ＡＳＥＡＮ創設となった一九六七年八月八日の歴史的会合に出席するため、バンコクに向かうラザクと随行のガザリ」とある。

### ゴールまでの紆余曲折

ＡＳＥＡＮはインドネシアの対決政策が終わり、スカルノが実権を失った一九六七年八月八日、インドネシアとマレーシアにフィリピン、シンガポール、タイ（アルファベット順）を加えた五カ国の外相らがタイの首都バンコクで設立宣言に調印し、産声を上げた。しかし当初、それは当事者たち以外にあまり注目されることはなかった。またその後の道のりも平坦ではなかった。

とくにベトナム戦争とカンボジア紛争は長い間、地域の安定と平和にとって大きな脅威と足枷《あしかせ》となった。一九七六年、対米戦争に勝利して意気軒昂の社会主義ベトナムは、インドシナの中心勢力としてASEANと対峙し、東南アジアはASEANとインドシナの二つのグループに分かれる形となった。

さらにベトナムは一九七九年、隣国カンボジアへ侵攻し、ポル・ポト政権を放逐してベトナム主導でヘン・サムリン政権を樹立した。しかしこれを見たポル・ポト政権の後ろ盾の中国が「懲罰(あるいは膺懲《ようちょう》)」と称して中越戦争を起こした。一九九〇年代まで長きにわたって続くカンボジア紛争の始まりだが、ASEANは中国やアメリカとともにポル・ポト側に立ち、ソ連はベトナムとヘン・サムリン政権側についた。つまりカンボジア紛争とは、東西冷戦、中ソ対立、中越対立という三つの覇権抗争がカンボジアのポル・ポトと反ポル・ポトという国内対立に覆いかぶさった複雑極まる内戦であった。

ベトナムがASEAN加盟国となったのは東西冷戦終結後の一九九五年、ASEAN発足から二十八年も経っていたのは故のないことではなかった。カンボジアに至っては、一九九一年のパリ和平協定締結を経て国連監視下による総選挙の成功後も、加盟までにはなお時間を要した。ASEAN創設三十周年にあたる一九九七年、ミャンマー、ラオスとの同時加盟がお膳立てされながら、フン・セン第二首相派とラナリット第一首相派が主導権争いから武力衝突を起こしたため直前に加盟延期となり、九八年にようやく十番目の加盟を果たすことができた。

設立宣言で「すべての東南アジア諸国に門戸を開放する」と謳ったゴールまで、三十年余り。東南アジアのすべての国を包含して行くプロセス自体、ASEANにとっては試練だったわけである。あらためて加盟国を列記すれば、ブルネイ、カンボジア、インドネシア、ラオス、マレーシア、ミャンマー、フィリピン、シンガポール、タイ、ベトナム（アルファベット順）の十カ国である（なお今日ではポルトガルの植民地でインドネシアへの併合後独立した東ティモールも加盟を希望している）。

## GDPの数字は小さいが

ここで機構としてのASEANの概要を簡単に記せば、加盟十カ国を合わせた総人口六億八百四十一万人（二〇一二年）は世界の八・六パーセントを占め、二十八カ国で五億五百六十七万人（二〇一三年）の欧州連合（EU）より約一億人多い。その内訳もEUと異なり、いわゆる人口ボーナスが期待される若い国々が多く、成熟国家は少ない。

加盟国が政治体制から経済、宗教、歴史に至るまで多様性に富むのも、EUと異なる点である。ベトナム、ラオスは一党独裁の社会主義体制を保持し、市場主義経済はまだASEAN全体に浸透していない。

宗教もイスラム（ブルネイ、インドネシア、マレーシアなど）からヒンドゥー（インドネシア・バリ島など）、仏教（カンボジア、ラオス、ミャンマー、タイなど）キリスト教（フィリピン、ミャンマーの少数民族など）まで広く信仰され、EUがキリスト教を事実上のバックボーンとしているのと対照的だ。また国内総生産（GDP）の総額は二兆三千百三十一億ドル、一人当たりGDPは五万ドルを超すシンガポールから千ドルを切るカンボジアまで、格差は五十倍以上と大きい（二〇一二年値）。

ところが、このように異なる国々の単なる寄り合い所帯がＡＳＥＡＮかと言えば、そうではない。先に《思惑の異なる政府や利害の錯綜する企業・団体のさまざまな力が作用する場である》（山影進）との言葉を引用した。東南アジア十カ国が集まり、ＡＳＥＡＮを作ったことによってプラスアルファを生み出し、進化・発展してきたとも言える。

ＡＳＥＡＮ十カ国のＧＤＰが世界のそれに占める割合は、二〇一二年値で三・二パーセントと、日本の三分の一強程度に過ぎない。決して大きくはないが、第二次大戦後、アジア・アフリカと一括りされたアフリカ諸国の現状と比べれば、ＡＳＥＡＮ諸国の着実な経済発展を物語るものだ。しかしそれ以上に、国際社会で示される存在感が、ここに引用したように実際の数字よりも大きいことのほうが、むしろＡＳＥＡＮのＡＳＥＡＮたる所以《ゆえん》である。

また自らの存在感を示すために、ＡＳＥＡＮは日本やアメリカ、オーストラリアなど域外国を対話国として位置づけ、早くから働きかけてきた。そうした歴史的積み重ねの結果として、今日のＡＳＥＡＮがある。一九九四年、アジア太平洋の安全保障に関する対話の場として日本、アメリカ、中国、ロシアなど十八カ国・機関が参加して始まったＡＳＥＡＮ地域フォーラム（ＡＲＦ）や、同じく世界の主要国首脳を集め、二〇〇五年からＡＳＥＡＮのイニシアチブで毎年開かれるようになった東アジア首脳会議（ＥＡＳ）などはその好例だ。

## 最大の試練は中国との関係

一挙手一投足に注目が集まるようになったＡＳＥＡＮは、同時にいま試練の時を迎えている。なかでも最大の試練が中国との関係である。中国は相当数の加盟国にとって一、二位を占める大事な貿易相手国（輸出＋輸入）である。その一方、前述のとおり、ベトナムやフィリピンなどは南シナ海のスプラトリー（南沙《なんさ》）諸島などを巡って中国との間に領有権問題を抱え、軍事衝突の危険もゼロではない。しかしASEANとしては、二カ国を見放してしまうわけにはいかない。

ASEAN各国の近くに中国に代わり得る確かで有望な市場はないが、だからと言って領有権問題はそれぞれの国家の主権に関わる問題であり、譲ることはできない。つまりASEANにとって、「機会」と「危機」という矛盾する存在が中国である。しかもその存在はますます大きくなりつつある。ASEANが南シナ海ごと中国に飲みこまれてしまうことはないだろうか。サバイバルは可能だろうか。アジア太平洋地域で、果たしてこれからも確固たる存在感を示して行くことはできるのだろうか。

中国の台頭は、戦後のアジア太平洋の秩序を担ってきたアメリカへの挑戦という意味もある。イランやイラク、アフガニスタンなど中東、南西アジアに忙殺されてきたアメリカは、第一次オバマ政権で「アジアに復帰した」（ヒラリー・クリントン国務長官）。東南アジアを舞台とする米中二大パワーのせめぎ合いはすでに始まっている。今後、それは熾烈さをさらに増して行くことになるのか、ASEANはこのことからも無関係ではいられない。AIIBに関しては中国を選択したことは「はじめに」で記したとおりだ。経済という「機会」が後押ししたことは言うまでもない。

それでは日本とASEANはどうだろうか。歴史的に米中より長い日・ASEAN関係を有しながら、日本は停滞の二十年を過ごし、この間の中国の席巻を看過してしまった。ASEANにおける日本の存在感の薄さがともすれば指摘され、近年は忘れられかけてさえいた。

第二次安倍政権で安倍晋三首相は歴代首相として初めて、就任一年でＡＳＥＡＮ十カ国をすべて訪れるという積極的な外交を展開したが、現実にはこの間の遅れを取り戻すためにようやく一歩を踏み出した段階であると言える。

そのなかで経済的な結びつきは近年、再強化されつつある。対ＡＳＥＡＮ直接投資額（二〇一二年）は中国、韓国を大きく引き離して一位（ＡＳＥＡＮ事務局による）だし、二〇一二年実績の対ＡＳＥＡＮ貿易額も中国に次いで二位、ＡＳＥＡＮにとっても中国に次いで二位となっている（財務省貿易統計による）。これらの成長する余地はまだまだあるだろう。

日本にとってＡＳＥＡＮが今後ますます重要になる、との指摘は政治、経済、文化を問わず各界に多い。日本は今後、ＡＳＥＡＮとどのような関係を築いていけばよいのだろうか。

私はクアラルンプールの夕食会で聴いた『支那の夜』から、かつての日本と東南アジアの関係に思いを馳せた。そこには戦争や占領、日本統治があり、日本の敗戦と戦後の植民地独立があった。そして経済開発・発展から今日の繁栄や安定へと続いている。ＡＳＥＡＮについて考える時、日本であればこその、こうした経験や歴史は貴重であり、無視するのはもったいない。良き側面はむしろ進んで受け継いでいきたい。

# Ⅲ　日本は「アジアの盟主」を標榜すべきか

## 4章　大東亜共栄圏の蹉跌

### ひっそりと立つリカルテ将軍の碑

横浜の海の玄関であり代表的な観光名所、横浜港に臨む山下公園には散策者の目を楽しませてくれる幾つかの記念碑がある。

一番よく知られているのは、おそらく「赤い靴はいてた女の子像」だろう。「異人さんに連れれて行っちゃった……」と歌詞の続く童謡でお馴染みの小さな女の子が、海の方に向かって座っている。海を眺めたり、散策したりしていれば、きっと女の子に出会えるはずだ。ちょっと物悲しげな歌とともに、横浜のエキゾチックな雰囲気をよく伝えている。

次に有名なのは何だろう。私はインド水塔をあげたい。昭和十四（一九三九）年、在日インド人協会が、関東大震災（大正十二年＝一九二三年九月一日）で被災したインド人に対して横浜市民が差し伸べてくれた支援に対する感謝と、震災で命を落とした同胞への慰霊の気持ちを込めて寄贈したものだ。

横浜印度商協会によれば、横浜に住んでいたインド人のうち百十六人が被災し、二十八人が死亡した。助かった人々の多くは関西の港町、神戸へ移住し、そこで在日インド人コミュニティーが作られた。横浜市はその後、商館を提供するなどしてインド企業に横浜へ戻ることを呼びかけたが、応じたのは十六社だけで、三十四社は神戸に定着したという。

毎年九月一日の震災記念日には関係者が集い、水塔の前で黙禱を捧げる。山下公園自体が震災で出た大量の瓦礫をもとに誕生したことを考えれば、インド水塔はこの公園に最もふさわしい記念碑かもしれない。

二つの記念碑と比べて、四十年以上も前から公園の一角に存在しながら、今では忘れられたように木陰にひっそりと立つもう一つの記念碑がある。フィリピンの独立運動家、アルテミオ・リカルテ将軍を顕彰する碑だ。

フィリピン独立の英雄がこの地に碑となって記念されるまでには、長い物語がある。

ある秋の晴れた日、私は記念碑を見たいと山下公園に足を運んだ。

公園の案内図に場所が記されていたのですぐ分かると思ったのに、案に相違してなかなか見つからない。公園の前で観光客を待つ人力車の若者や、停泊する氷川丸の関係者に聞いてみても、首を傾げ、存在自体を知らない様子なのである。

思い切って公園を掃除中の男性に声を掛けると、その人は掃除の手を休め、指さしながら言った。

「ああ、碑ね。ほら、あそこ。ちょっと分かりにくいかな」

さっき一度通り過ぎた場所だった。嬉しくなって思わず「やっぱり、公園をお掃除している人は違うわね」と言うと、穏やかな笑顔を見せた。

「この前、碑の横にあったゴミ箱を移動させたばかりなんだ。何でもフィリピンの偉い人だったらしいね。だからゴミ箱などを置いといては失礼なんじゃないかとずっと気になっていて、やっと片付けたところだったというわけさ。ところであんた、フィリピンの人？」

漁業会社を退職した後も、海が恋しく、健康にも良いと山下公園の清掃の仕事をしているという八十歳に近いこの人によれば、フィリピン人らしき人が時おり立ち寄るのを見かけるのだという。

お礼を言って別れ、指さした方向に到着すると、たしかに子供の背丈ほどの小さな記念碑が立っていた。後ろ側に回ると、そこにはリカルテの簡単な略歴と設立の年月日、設立者の名前などが刻まれていた。


《アルテミオ・リカルテは一八六六年十月二十日フィリピン共和国北イロコス州バタック町に生る。一八九六年祖国独立のため挙兵、一九一五年「平和の鐘の鳴るまで祖国の土をふまず」と日本に亡命、横浜市山下町一四九に寓居《ぐうきょ》す。一九四三年生涯の夢であった祖国の独立を見しも、八十才の高令と病気のため一九四五年七月三十一日北部ルソンの山中に於《おい》て波乱の一生を終る。リカルテは真の愛国者であり、フィリピンの国家英雄であった。茲《ここ》に記念碑を建て、この地を訪れる比国人にリカルテ亡命の地を示し、併せて日比親善の一助とす。
昭和四十六年十月二十日　財団法人フィリピン協会、会長岸信介《のぶすけ》》

一九八八年から八九年にかけて産経新聞のマニラ特派員だった私は、フィリピンが約四百年にわたってスペインの支配を受けたこと、一八九八年の米西戦争でいったんはスペインからの独立を宣言しながら、戦争に負けたスペインがアメリカにフィリピンを売り渡し、アメリカが新たな支配者となったこと、さらに太平洋戦争が勃発すると日本軍が占領し、軍政を行ったことなど、フィリピン現代史の概略は一応知っているつもりだった。

スペイン、アメリカからの独立運動に関しても、ホセ・リサール（一八六一〜一八九六）、アンドレス・ボニファシオ（一八六三〜一八九七）、そしてエミリオ・アギナルド（一八六九〜一九六四）の三人の闘士の名前はとくによく知られており、歴史上の人物であるだけでなく身近な存在でもあった。

マニラ湾に臨むリサール公園（別名ルネタ公園）は市民の憩いの場所であり、さまざまな集会が行われていたし、アギナルドとボニファシオは国軍基地の名前だった。

私が特派員をしていたコラソン・アキノ大統領の時代は、政権不安定のためクーデター未遂事件が頻発し、そのたびに助手と一緒にアギナルド基地やボニファシオ基地に駆けつけたので、すっかり通いなれた場所になった。クーデターと言っても、実態は兵士たちの待遇改善要求や不満の捌け口だったから、簡単に平定され、「アギナルドやボニファシオが知ったら嘆くだろうね」と助手と言い合ったものだ。

一八九八年六月十二日、マニラ南方カビテ州カウィトの自宅バルコニーから独立宣言を読み上げたのはアギナルドである。有力者の家庭に生まれたアギナルドは、独立運動のなかでアメリカとも妥協し、その結果として初代フィリピン共和国大統領となった。

一方、貧しい家庭出身のボニファシオは秘密結社「カティプナン（「人民の子らの最も尊敬すべき至高の協会」の略）」を創設し、一八九六年に武装蜂起したが、対立するアギナルドに逮捕され、処刑された。

日本にゆかりが深いのはリサールだ。ヨーロッパへ留学する途中の一八八八年、日本に立ち寄り、約二カ月滞在、臼井《うすい》勢以子《せいこ》という旧旗本の娘の案内で旅行もしている。四年間のスペイン留学を終え帰国して軍医をしていた一八九六年、カティプナンの首謀者と疑われて逮捕され、軍法会議にかけられると銃殺刑に処された。

彼の名前を冠した市民憩いの場、リサール公園こそリサール公開処刑の場である。また東京・日比谷公園の一角には彼の胸像が立っている。非業の死を遂げたボニファシオとリサールは独立の英雄として語り継がれ、フィリピン人で知らない人はまずいない。

これら三人とまったく異なるのがリカルテである。二〇一三年十二月に来日したアキノ三世大統領は忙しい日程をぬって日比谷公園のリサール像に献花をしているが、リカルテの碑に立ち寄ったという話は聞かない。

私自身、マニラ時代に一度や二度、名前くらいは聞いたかもしれないが、リカルテのことは記憶に残っていない。当時、リカルテの存在が歴史に埋没してしまっていたからではないだろうか。

リカルテの生涯を特色づけるのは、反米独立の精神とともに日本との関わりの深さである。旅人に過ぎなかったリサールと比べて、山下公園の記念碑が簡潔に物語るように、一貫して反米独立闘争を続け、一九一五年から太平洋戦争が始まる直前まで、日本滞在は二十六年にも及んだ。

なかでも一番長く過ごした横浜では、海の見える山下町でフィリピン料理の食堂を営む一方、後藤新平や犬養毅《いぬかいつよし》、頭山満《とうやまみつる》、黒龍会《こくりゅうかい》の内田良平《うちだりょうへい》といった政治家からアジア主義者、国家主義者まで多くの日本人と親交を結び、その人間的魅力から崇拝者や支援者も多かった。また母国フィリピンからは親日派のベニグノ・ラモスら独立運動家たちはもとより、渡米する政府要人たちがわざわざ足を運び、挨拶に訪れた。敬意を払われていたのである。

リカルテを日本に結びつけ、彼の独立運動に強い影響を与えたのは、日露戦争における日本の勝利だった。

「フィリピンのリカルテ将軍に関する一考察」（荒哲《あらさとし》、『季刊国際政治』一二〇号、一九九九年）によれば、来日する三年前の一九一二年、リカルテは香港でフィリピン人ジャーナリストに次のように語っている。

「私は、日本人を盟友としてとらえている。日本は、ロシアとの戦いに勝利した。我々東洋人の尊厳を高めた最初で唯一の出来事である。東洋人として、私たちは、彼らと友好関係を築くべきである。（日本は）我々の独立闘争を援助できる唯一の国家である」

この時、リカルテが香港にいたのは、アギナルドと違ってアメリカに恭順の意を示さなかったためであり、国外追放されていたのだった。

リカルテは満洲国の樹立に際しても母国の独立を重ね合わせ胸を膨らませた。そして一九四一（昭和十六）年十二月八日の日米開戦の報に、フィリピンの独立は近いと帰国する。「リカルテ将軍帰る」のニュースに国民は歓喜したという。日本で長い間、事実上の亡命生活を送っていたリカルテは、フィリピン大衆にとっては独立運動の伝説的英雄になっていたのだろう。リカルテはラジオを通して次のようなメッセージを送っている。

《私は30年ぶりに祖国へ戻ってきました。この感謝を誰に捧げればいいでしょうか。12月8日こそ数世紀にわたり被征服民族として圧迫され続けたフィリピン民族にとって新しい日の始まった歴史的な日です。日本はこの日以来、いたるところでアメリカやイギリスを破り、バタビヤ（インドネシア）も陥れました。神は正義に味方します。この日本の勝利は、極悪なアメリカやイギリスにとって当然の天罰です》（寺見元恵著『フィリピンの独立と日本』彩流社）

リカルテの帰国は陸軍参謀本部作戦課の指示に従ったものだったとの説もある。軍政の下でリカルテを傀儡《かいらい》政権の首班に考えていたというのだが、先の荒論文は「真相は分からない」としている。また「フィリピンにおける日本軍政の一考察」（池端雪浦《いけはたせつほ》、『アジア研究』二二巻二号、一九七五年）も《フィリピン占領政策のなかにはリカルテを占領後の首班にするという考えは存在しなかったとみるべきだろう》としつつ、参謀本部にそうした考えがあったとしても、それは統一見解ではなく、一部にあった考えではないかとしている。

実際、帰国後、大東亜共栄圏や新しいフィリピンの建設を熱心に説いて回るリカルテに対する日本軍の処遇は、リカルテ自身が予想したほど優遇されたものではなく、そのことについて不満を側近に語っていたと荒論文は記している。

ただし参謀本部の一部にリカルテを推す人々がいたことは、リカルテの日比両国でのカリスマ的人気を考えれば、十分に考えられる。リカルテ自身も七十代後半という高齢になってはいたものの、日本が勝利し、フィリピン独立の暁《あかつき》には自分がトップになるという野心を持ったとしても不思議ではない。またそれは非難されるべきことでもないだろう。

しかし一九四三（昭和十八）年十月に成立したフィリピン共和国の大統領に就任したのは、リカルテではなくホセ・ラウレルだった。リカルテもこれに異議を申し立ててはいない。リカルテに勝るとも劣らない親日家、ラウレルについてはあらためて後述したい。

日本軍を取り巻く戦況は次第に悪化していった。ラウレル政権は首都をマニラから高原の地バギオに移す。そして戦況がいよいよ絶望的なものとなっていった一九四五（昭和二十）年三月、日本軍はリカルテに、ラウレルとともに日本への亡命を勧める。しかしリカルテは最後の一人になっても祖国に踏みとどまり、アメリカと戦うと言って自ら退路を断ったのだった。

記念碑にあるように、リカルテが山中で生涯を閉じたのは、終戦まであと半月という一九四五年七月三十一日のことである。

最期を看取ったのは、リカルテが東京・世田谷の海外植民学校でスペイン語を教えていた時の教え子で、行動をともにしていた側近の太田兼四郎だった。遺骨は第二の故郷である日本に納めてほしいというリカルテの遺言に従い、太田家の墓地に埋葬された。

駆け足でたどっただけでも、こんなにも戦前の日本と深い関わりを持ち、にもかかわらず戦後、日本はもとより自国においても半ば忘れられた形の独立運動家は、そう多くはないだろう。

もちろん知っている人は知っている。研究もされている。しかしリカルテの八十余年の波瀾万丈の生涯には、その程度では十分でないと感じる。

日本はリカルテの期待に結局は応えることができなかったわけだが、だからと言ってもう終わったこと、過去のことだと葬り去ってしまってよいのだろうか。と、そのような問いをリカルテの碑は投げかけてくるように思われる。

戦後のフィリピンでリカルテが一部の崇拝者や研究者を除くと顧みられず、忘れ去られたのも同然の存在だったのは、端的に言えば、リカルテが太平洋戦争で日本軍と協力したからだろう。日本との関わりでも抗日ゲリラならば話は違ってくる。占領日本軍の協力者は評価されざる人々か、たとえ評価をするにしてもその仕方が難しい。リサールのように若くして非業の死を遂げた、輝ける独立の闘士に並び称される存在ではないのである。

フィリピン研究家で前出の寺見元恵によれば、フィリピンにおけるリカルテの一般的な評価は現在、次のようなところに落ち着いている。

独立のために日本軍を信じ協力したナショナリスト。占領中はフィリピン人を日本軍から守るため奔走し、日本軍を信じたナイーブさもあるが、二十年以上住んだ日本に愛着と尊敬を抱いた彼の行動は理解できる。

寺見自身は、リカルテが日本軍と行動をともにし、独立を夢見て日本に賭けたのは、果たしてただ単にナイーブだったからなのかと問いかけ研究を進めている。

## 今村均司令官のあっぱれな軍政

考えてみると、リカルテも含めて、太平洋戦争で日本軍政下に置かれた欧米の植民地において独立を目指して闘争を続けていたすべての運動家たちにとって、日本軍政とどのような関係を持つかは、彼らの共通する課題だった。同時に日本軍政にとっても、彼らとどのような関係を築くかは、極めて重要な課題であった。

この点で真っ先に思い浮かぶのが、インドネシアの初代大統領スカルノである。十代から独立運動に一身をささげたスカルノは、独立のために早くから日本軍との協力を決めていたが、それは陸軍第十六軍（ジャワ派遣軍）初代司令官、今村均《いまむらひとし》中将（一八八六〜一九六八）との出会いで決定的なものとなった。

温厚な人格者で指導者の風格を有し、日本軍政の方針を順次、丁寧に説く今村という人物を、初めて会った瞬間からスカルノは信頼できると確信したのである。

今村は宮城県仙台に生まれ、陸軍士官学校を優秀な成績で出ると後年、陸軍大学校を首席で卒業した。太平洋戦争では第十六軍司令官として蘭領東インド（現インドネシア）作戦を指揮し、わずか一週間あまりで攻略に成功した。一九四二（昭和十七）年三月一日のことである。

今村は蘭印での活動にあたり、まず宗主国オランダが政治犯として流刑の身においていたスカルノや初代副大統領となるモハマド・ハッタら独立運動家たちを釈放した。今村の『今村均回顧録』（新装版・芙蓉書房出版）によれば、当時まだ仏印のサイゴンにあった南方総軍司令部の首脳陣は「スカルノのような熱狂的独立主義者を引き取ると、今村軍はあとで手を焼く」と批判した。しかし今村は《私は意に介しないでいた》と書く。

そして今村がスカルノに初めて会った時の印象は次のようなものだった。

《熱狂人などとは見えない温厚、上品な顔つき、平静な言葉つきである。しかしさすがに永い牢獄生活にさいなまれた苦しみの額の皺は、どこかにこの志士の闘志をあらわしている》（『回顧録』）

スカルノがこのように穏やかな印象を与えたのは、対する今村が占領軍のトップとして肩で風切るようにではなく、人間対人間で接したからだと思う。スカルノは構える必要がなかったのだ。事実、今村はスカルノを緊張させぬよう、応接間でなく書斎に通し、机もおかず向かい合うと、椅子を勧める細やかな配慮をしている。

だからと言って今村はインドネシアの独立を安請け合いはしなかった。慎重に言葉を選びながら、スカルノの意を汲み、かつ自らの置かれた立場を伝えた。『回顧録』によれば最後に「軍政に協力するか、中立の立場を取るかはあなたの自由です。ただし妨害するなら戦争の終結まで自由行動は許しません。しかしその場合もオランダ官憲のように牢獄収容などはいたしません。急がないですから同志の人々とよくご相談ください」という趣旨の言葉で約一時間の初の出会いを終えた。

四日ほど経ち、スカルノから届いた返事には次のような文言があった。

《日本軍政がオランダ政権時代よりも、インドネシヤの福祉を約束されたので、これを信用し、私と同志とは日本軍政に協力致します》（『回顧録』）

今村とスカルノの、占領者と被占領者という冷厳な現実は現実として、このような出会いが両者をそれ以上の協力者の関係へと高めることを可能にしたと言ってよい。その後も二人はしばしば会っている。今村の軍政はひとことで言えば、インドネシア人の立場に思いを致した寛容な軍政であった。スカルノらへの物心の援助も惜しまなかった。

今村がこのような軍政を敷くことができたのは、指導者としての能力、識見に加えて温厚な人柄、苦学して裁判官となった父親や陸軍将校の娘だった母親の薫陶などもあってのことだろう。今村はオランダから没収した金を現地住民のために使い、部下の兵士たちには略奪など不法行為を固く禁じたから、今村軍政への地元民の信頼も生まれたといわれる。

しかし日本軍政がすべて今村とスカルノのような関係であったとは言えない。作家、山岡荘八は『回顧録』の序で、視察に来た中央部の参謀が「今村将軍の軍政はだらしない。オランダ人に対して手ぬるい」と批判し、中央から注意されたこともあるらしいと書いている。実際、今村は大本営から求められた軍政方針の転換を、「陛下の要請なら自分は服するが、陸軍省だけの変更には従わない」と拒んだ。今村にすれば占領地統治要項にある「公正な威徳で民衆を屈服させる」ことに何ら反するものではないと考えたのだろう。

それにしても戦時下の占領地で、勇気ある硬骨漢というほかない。しかし結局、今村は第十六軍司令官を解かれ、一九四二年十一月には第八方面軍司令官として南洋のニューブリテン島ラバウルへと去ったのだった。戦争遂行にあたる大本営にとっては戦勝こそが第一であって、占領地の善政が二の次であったのは事実だろう。それが戦争の本質とはいえ、戦争だからよいのだ、仕方ないのだ、としていくと歯止めがかからなくなるのではないか。それでは安易だし、最後に禍根を残すことにもなる。

今村軍政は、自らも「短期のものであった」と述懐するように八カ月で終わった。もう少し長ければ今村はその後の軍政をどのように行ったのだろうかと想像が膨らむ。

一九四三年十一月、スカルノはハッタらとともに来日し、天皇陛下との会見や東條英機ら閣僚たちに会うとともに、奈良、京都、大阪、九州などを訪れた。スカルノは初めての国外旅行、そして天皇との会見に感激したが、もっとも知りたかった独立問題への言及を東條が注意深く避けようとしたことに深い失望感を覚えたと、一行の公式通訳官だった第十六軍の三好俊吉郎は回想記で記した（後藤乾一著『東南アジアから見た近現代日本』岩波書店）。

ただし東條はスカルノ一行が求めた「紅白民族旗、民族歌インドネシア・ラヤの使用を認めて欲しい」など三点の要望に関しては、「許可しても差し支えがあるとも考えられないので」現地軍当局と連絡を取り、日本滞在中か帰国後、回答させようと前向きの返事をした。

こうして帰国したスカルノらは第十六軍首脳に帰国報告をする際に、あらためて民族旗と民族歌の使用許可を求めた。

《しかしながら、日本側はこの二点を許可することはこれまで制御してきた民族主義運動を刺激しかねない、との理由からこの要望を拒否し、さらに国分（新七郎）軍政監（参謀長）はこう追い打ちをかけた。

「諸君は日本で非常な歓待を受けて大いに甘えたねだりごとをしたようであるが、例えていえば日本の中央政府は祖父で現地軍は父親のようなものである。祖父は孫に対し盲目的に甘やかすが父親は子供の指導教育の責任があるから、子供の将来のために厳格な訓育を行うものである……」》（『東南アジアから見た近現代日本』）

今村軍政がもう少し長ければ、と私が書いたのは、今村だったらどうしただろうと思うからだ。おそらく認める方向で努力しただろう。実際、この九カ月後の一九四四年十一月の「小磯声明」は民族旗も民族歌も使用を許可している。また仮に第十六軍が許可しなかったとしても、少なくとも今村ならこんな、文字どおり子どもじみた幼稚で失礼な対応はしなかっただろう。スカルノやハッタらが東條に加えて軍政指導部にも幻滅したことは想像に難くない。

インドネシアにおける軍政を元ジャワ防衛義勇軍大団長は次のように述べている。

《日本軍の悪行のもろもろを文章に書けば、辞書のように厚い本ができるだろう。しかしこれと反対に、我々インドネシア民族に対する日本人の教育、指導、善行の数はこれまた厚い辞書ができるほど沢山ある》（芳賀美智雄「インドネシアにおける日本軍政の実態」）

スカルノはインドネシアの独立にあたって、日本が敗けた以上、即時独立をと血気にはやる急進派活動家たちにハッタとともに拉致・監禁をされながら、これをしのぎ時間を稼ぐ。何かと支援してくれた日本に仁義を切ってから独立しようと考えたのである。そして最後は降伏した日本の海軍武官府の前田精《ただし》邸で独立宣言を徹夜で起草すると、四五年八月十七日に独立を宣言した。この宣言文の日付が皇紀を意味する「〇五年八月十七日」となっているのは有名な話である。

このような歴史の積み重ねがあって、スカルノが大統領となった後のインドネシアと日本の関係もアメリカはじめ他の国々が一目も二目も置くものとなったのである。

今村は戦犯として裁判にかけられながら無罪となり、軍政時代の仕事は占領されたインドネシアにおいても評価されている。今村の存在は、大本営と軍政という出先の狭間に立ちながらも占領地との信頼関係は築くことが可能であるという見本といってもよいだろう。もっとも『回顧録』を読むと、今村ほどの人物は、軍人であれ政治家であれそう簡単には出てこないという気にもなる。今村はそれほどの指導者であった。

## ファン・ボイ・チャウの東遊運動

山下公園の記念碑のリカルテから、私はリカルテと同じ世代でもう一人、日本に縁の深かったベトナム人のことを思い出した。宗主国フランスに対して戦った独立運動家でリカルテと一歳違いのファン・ボイ・チャウ（潘佩珠、一八六七〜一九四〇）である。

リカルテが終生、アメリカに抗したように、ファンもフランスの植民地となったベトナムの独立を目指し、日本に支援を求め、リカルテより十年早い一九〇五（明治三十八）年に来日した。

その後も何度かやって来て、日本人はもとより辛亥《しんがい》革命を成し遂げた孫文《そんぶん》（一八六六〜一九二五）や、独立を目指すアジアの国々から来日していた運動家たちと親交を結んだ。

私がファンというベトナム人の存在を知ったのは、二〇〇二年四月にベトナムを訪れ、ホーチミン市（旧サイゴン）で会ったジャーナリスト、フー・ゴック氏を通じてだった。当時すでに八十歳を過ぎていた老ジャーナリストは、インタビューで「ベトナム現代史には日本に対して一つの憧れと三つの失望があります」と切り出した。

憧れとは、日露戦争における日本の勝利だった。

「ベトナム、いやアジアのすべての人々の愛国心をどれほど刺激したかしれません。われわれも白人の植民地主義を打破し、自らを解放できるのだと勇気づけられたのです。しかしその後、われわれは三度の失望を日本に味わったのです」

美しい銀髪におだやかな語り口のフーからどんな失望が飛び出してくるか、私はドキッとする気持ちを抑えて答えを待った。

三つとは、最初が東遊《ドンズー》運動時代の日本、第二が日本軍進駐時代の日本、第三がベトナム戦争時代の日本だった。

第二、第三は想像がついた。ベトナムはかねてから、日本軍進駐時代の太平洋戦争末期に起きた飢饉で二百万人が犠牲になったと主張していることを私は知っていた。ここで詳しくは立ち入らないが、一九四四年十月から四五年五月にかけて、ベトナム北部で大規模な飢饉が起きた。原因は気候不順による凶作やアメリカ軍による輸送の途絶、仏インドシナ植民地政府と日本軍による食糧調達などが重なったためとされるが、ベトナムが日本軍の責任を強調する背景には、ホー・チ・ミンが一九四五年九月に行った独立宣言で、フランスと日本の二重支配のなかで「同胞二百万人が餓死した」と述べたことがあるようだ。

日本軍が飢饉にまったく責任はなかったとは言えないかもしれないが、日本側にも主張があり、犠牲者数については戦後の現地調査から約四十万人くらいとされる（小倉貞男著『ドキュメント　ヴェトナム戦争全史』岩波現代文庫）。またホー・チ・ミンは、自らの戦いを有利に運ぶため、植民地支配を解放し一定の支持があった日本にベトナム人の信頼が集まらぬよう「日本」を悪者にしたのではないかという解釈もある。

第三の、ベトナム戦争で日本がアメリカの側に立ったことも、ベトナムから見れば失望だったのは確かである。ただしフーは「われわれは日本の学生たちが戦争反対のデモをし、勇気づけてくれたことも知っているから、これは賛否両論が正しいかな」と付け加えた。

東遊運動については正直、初めて耳にした。日露戦争の後に起きた日本に学ぼうという運動で、ベトナムから日本へ多数の留学生を送り出した。その提唱者がファン・ボイ・チャウだった。

一九八〇年代にマレーシアのマハティール首相が日本に学ぶ「ルック・イースト」政策を打ち出すよりも遥か前に、仏領インドシナ連邦に組み入れられてしまったベトナムでそのような運動があったとは、驚くとともにまったく知らなかった自分に恥じ入った。

東遊運動のきっかけは、抗仏闘争のため武器の支援を求めてファンが来日したことだった。ファンは大隈重信や犬養毅らに面談するが、彼らは武装闘争を批判し、代わりに人材の育成こそが重要であるとして日本へのベトナム人の留学を勧めた。

ファンは犬養らの批判に耳を傾け、ベトナムへ戻るや若者たちに日本への留学を呼びかける。しかも見上げたことに、優秀な若者たちが次々と名乗りを上げ、フーによれば最盛期には日本留学生は二百人を超すまでに膨れ上がったという。

やはり日露戦争のインパクトだったのだろう。欧米列強にとっても東洋の島国、日本の勝利は大きな衝撃であったが、植民地となっていた国々の人々、とりわけ青年やインテリたちに計り知れない驚きや勇気を与えた。帝政ロシアに対する日本の勝利なくして、これほど多くのベトナム人が日本で学ぼうなどと思うまい。

ファンはこのように述べている。

《欧亜の競争、黄白人種の争闘はようやく私達の睡魔を驚かし、わが党志士がフランスに復仇し、ヴェトナム国の光復を想うの熱気気焔は一段と盛んになりました》（潘佩珠著、長岡新次郎・川本邦衛編『ヴェトナム亡国記』平凡社東洋文庫）

ファン自身も日本に戻り、以後日本とベトナムを行き来するようになる。

独立を求めるベトナム人留学生たちが多数集まればコミュニティーが生まれ、そこが外国であっても、抗仏独立運動が始まるのは自然な成り行きだろう。フランスは神経を尖らせ、明治政府に運動家の監視や取り締まりを求めるなど弾圧を加えた。さらにファンらベトナム留学生たちの命運を決する決定的な事態が起きる。

一九〇七（明治四十）年六月、日本とフランスによる日仏協約の締結である。協定は日仏両国が清（中国）に有する双方の領土の主権を尊重すること、また日本はフランスのインドシナ統治を認め、一方、フランスは日本に最恵国待遇を与えるというものだった。インドシナにおける独立運動を何とかして封じたいと考えていたフランスは、協定が結ばれるや早速、留学生の引き渡しを日本に求めた。

「日本はベトナム人を助けてはくれませんでした。国益を優先し、国外退去を求めるフランスの意向に沿ったのです。ファン・ボイ・チャウも日本を去らねばなりませんでした。彼を支援してくれた日本人は沢山いました。けれど日本政府は彼を見捨てたのです」とフーは語った。

正確を期せば、日本政府は引き渡し要求には応じず、代わりに一九〇九（明治四十二）年、留学生全員を国外追放に処した。もっともファンらベトナム人にすれば、引き渡しも国外追放も日本にいられないのだから同じようなものだっただろう。広州《こうしゅう》に逃れたファンは、当時の外相小村寿太郎に、同じアジア人として手本にしていた日本が欧米列強と手を結び、アジア人を抑圧する側に回ったことに抗議する手紙を出している。小村に手紙が届いたのか、またファンに小村からの返事が届いたかどうかは分からない。

東遊運動のあっけない終わり。突然、光を放ち、消え去る彗星のようだった。しかし二〇〇二年のベトナム訪問で私にとって印象的だったのは、この運動のことをフーだけでなく、日本に関心のあるベトナム人のほとんどが知っていたことである。一瞬の光芒ではあったが、それほど鮮やかで歴史に残る若者たちの運動であったのだろうと思った。

その後、最近になって私は日本に留学しているベトナムの若者から、ベトナムでは歴史の授業で東遊運動について学んでいることを知った。歴史的評価は「愛国ではあったけれど失敗してしまった運動」であり、ホー・チ・ミンは東遊運動の失敗を教訓に武器を取って戦ったからこそ、抗仏独立運動に成功したというものだという。もともとファンも武器援助を求めて日本へ行ったのだが、先述のように犬養らにもう一つの道を説かれたのである。社会主義ベトナムでは、依然として武装闘争が非暴力主義より評価されているということだろう。

やはりホーチミン市で会ったテレビ局のディレクター、グエン・ホアン氏に「ベトナムで最も有名な日本人は誰ですか」と尋ねると、「明治天皇」という答えが返ってきた。この時もちょっと意外な気がしたが、やはり日露戦争であり、東遊運動の影響かもしれない。

フーから三度の失望を知らされた私は、もちろん口には出さなかったけれど、もし今日の日本人の東遊運動に関する知識のほどを知ったら、ベトナム人はもう一度失望するかもしれないと密かに思った。一時期とはいえ、ベトナム人がそれほど日本に憧れ、日本を頼りにした事実も、結局は報われなかった、報いてあげられなかったという双方の苦い結末も、日本ではほとんど忘却の彼方にあるのだから。

しかしフーも指摘したように、個人としてファンたちを熱く支援した日本人はいた。代表的人物の一人が浅羽佐喜太郎《あさばさきたろう》（一八六七～一九一〇）である。現在の静岡県袋井市出身の医師兼篤志家で、道端で行き倒れになっていたベトナム人留学生を助けたことをきっかけに、ファンとの交流が始まった。自分の病院に留学生を寝泊まりさせるなど東遊運動に物心両面にわたっての支援を惜しまず、ファンや留学生との親交は、日仏協約締結で彼らが国外退去になるまで続いた。

肺結核を病んでいた浅羽は、ファンが国外退去となった翌年の一九一〇（明治四十三）年九月二十五日に四十三年の短い生涯を閉じた。

その後のファンである。広州からタイに行くなどアジア各地を転々とし、投獄・出獄を繰り返しながら独立運動を指揮した。日本に密かに舞い戻った折に浅羽の死を知ると、監視の目をかいくぐって静岡にある浅羽の墓を訪れるなど、大胆な行動の自由人だったような印象を受ける。

一九二四（大正十三）年には広州でベトナム国民党を結成するが、一九二五年、ついに上海で逮捕され、ベトナムへ送還された。失意のファンが幽閉先の古都フエで亡くなったのは、日本軍のインドシナ進駐から一カ月後のことだった。

二〇一三（平成二十五）年、日越国交樹立四十周年を迎えて、浅羽とファンの国境を越えた親交は日本でもベトナムでもテレビ・ドラマやドキュメンタリーが作られ、紹介された。また浅羽の顕彰活動を行う「浅羽ベトナム会」も活動を続けている。

今、中国の軍事的圧力にかつてないほどさらされる東南アジアにあって、戦略的思考に長《た》けたベトナムは元仇敵であるアメリカと一段と接近を図っている。日本にとってもベトナムの政治的・経済的重要性は増し、日越関係は新たな段階に入っている。それはまた憧れと失望の比率を逆転させる、かけがえのない時を迎えているということでもあるだろう。

## 日本人に身近だった南洋

「南洋」という言葉から人は何を感じ、また何をイメージするだろうか。

いきなりこのように問いかけるのは、南洋を死語だとまでは言わないが、用語としての南洋は、夢や希望と悲劇をないまぜに、どこかノスタルジックで、もはや歴史的文脈の中で使われるのが相応しい言葉となってしまったように思われるからだ。

南洋という言葉の登場は古い。中国語ではナンヤンと発音されて昔からあり、日本でも徳川時代の後期には使われていた。意味は、洋の部首が水を表す「さんずい」であることから文字どおり「南の海」になるが、地域を含んで使われた。その後、日本では「南方」も登場し、太平洋戦争が近づく頃から南洋より南方のほうが頻繁に使われ、人々に身近な言葉となった。

ところが一九四五年八月十五日の終戦を境に、まるで手のひらを返したように南洋も南方も歴史の表舞台から去って行った。南洋はいわば郷愁のなかの世界になってしまったのである。

代わって現在、人口に膾炙《かいしゃ》しているのは、東南アジアや東アジア、あるいはアジア太平洋といった言葉である。さらに新しいところではインド太平洋という表現も登場している。

南洋から東南アジアへ。分岐点ははっきりしている。太平洋戦争、当時の日本の呼称では大東亜戦争である。南洋は戦前、東南アジアは戦後なのである。

東南アジア地域研究のパイオニア、矢野暢《とおる》は代表作『「南進」の系譜』（中公新書）でいみじくも次のように書いている。

《私は、戦後になって日本人が使い始めた「東南アジア」という言葉に、まだどうしてもしっくりしないものを感じるのである。戦前の日本人がこの言葉を用いなかったというわけではない。（筆者注：事例についてのくだりは省略）しかし、ふつうの日本人は、この言葉を連合軍からの借り物として、つまり他人の言葉として、戦後、かっこよく使い始めたのである》

同書の初版は一九七五（昭和五十）年。矢野のこの文章自体、今では歴史を感じさせる。昭和も遠くなった。

連合軍の借り物であったかどうかはともかく、東南アジアは確かにアメリカという国家の存在と密接不可分である。アメリカの東南アジア研究の泰斗、コーネル大学名誉教授のベネディクト・アンダーソンは自らの地域研究や学問的制度を振り返った『ヤシガラ椀の外へ』（加藤剛訳、NTT出版）で、《「東南アジア」が一般的な言葉となったのは、最初はアメリカにおいてだった》と書いている。

アンダーソンによれば、現代的な意味で「東南アジア」という言葉を初めて用いた西洋人の研究者はビルマ研究者ジョン・ファーニヴァルである。そしてこの言葉の用法をめぐる決定的な転機は、太平洋戦争中にイギリスのルイス・マウントバッテン卿によって東南アジア総司令部（South East Asia Command）が設置されたことだとする。

総司令部はアメリカの植民地フィリピンを除き、戦争で日本軍に占領された東南アジア諸地域を「日本軍国主義から解放する」ことを目指して設置されたものだった。

しかしこの総司令部は戦争が終わると間もなく廃止された。イギリスもフランスもオランダも、自らの植民地を戦後も権益として保持することは望んでも、東南アジア全域をそっくり支配しようとか影響力を及ぼそうなどとは考えなかった。望んだところで、それだけの国力はもはやなかった。

違ったのはアメリカである。太平洋戦争、そして第二次世界大戦が終わって、戦勝国のなかでもとくに覇権国家となったアメリカが、すでに始まっていた冷戦体制の下、東南アジアを影響圏に加えようと考えたのは当然の成り行きだった。そして覇権国家の常として、それまでアメリカになかった地域研究としての東南アジア研究も始まった。《戦後のアメリカにおける地域研究の勃興は、この国が新たに担うにいたった覇権的立場を直接的に反映している》（アンダーソン）のである。

南洋と東南アジアの概念の違いを明確にするために、説明が少し長くなった。本題である南洋の時代に戻りたい。

南洋は一体、いつから、またどのように日本にとって身近となったのだろうか。その大きなターニング・ポイントは、アルテミオ・リカルテやファン・ボイ・チャウを日本へと導いた日露戦争から十年後に起きた、第一次世界大戦だったのではないかと思う。

一九一四（大正三）年六月二十八日、オーストリアの皇太子がボスニア・ヘルツェゴビナ共和国の首都サラエボで暗殺されたのを契機に、七月二十八日に始まったこの大戦は、ヨーロッパのほとんどの国々とアメリカ、ロシア、中東を巻き込み、ヨーロッパ大陸を主戦場とした。

日本も翌月、日英同盟協約を理由に連合国側で参戦し、ドイツに宣戦を布告。海軍はただちにドイツ領ミクロネシアに出兵し、マーシャル諸島やカロリン諸島、マリアナ諸島などを次々占領すると、軍政を開始した。

これら諸島の、たとえばトラック、ポナペ、ヤップ、サイパンと言った、平時においては楽園のような島々が、やがて太平洋戦争で「日本の生命線」として日米激戦の地となり、玉砕の島と化すのは、まだもう少し先のことである。

第一次世界大戦が終わり、敗戦国ドイツはオスマントルコとともに一九一九（大正八）年六月のベルサイユ条約で植民地を放棄し、代わって戦勝国が国際連盟の下、分割統治することになった。この結果、ミクロネシアは日本の占領から委任統治領に変わった。

もちろん、日本の南洋進出はそれ以前から、移民労働や〝からゆきさん〟（江戸時代から太平洋戦争時にかけて、南方など外地に出稼ぎに行った女性の総称）などさまざまな形で行われていた。

からゆきさんと言えば、ノンフィクション作家、山崎朋子の『サンダカン八番娼館』（文春文庫）が想起される。娼館で働き、その後帰国した一人のからゆきさんの生涯を聞き書きした作品で映画化もされた。主人公を演じたのは田中絹代で、可愛らしい美人女優としてデビューした田中の晩年の迫真の演技は、ベルリン映画祭で日本女優初の主演女優賞に輝いた。余談になるが、私はこの時、鎌倉で彼女にインタビューし、待ち合わせ場所に小走りで現れた小柄な田中の嬉しそうな姿を今でもありありと思い出す。

サンダカンはカリマンタン（ボルネオ）島北東部にあるマレーシア・サバ州の港湾都市で、戦前は木材やゴムの輸出で栄え、日本人町もできた。もう三十年以上前、州都コタキナバルを取材で訪れた折、サンダカンまで足を延ばした。日本町は兵《つわもの》どもの夢の跡の如く姿を消し、私は現地に駐在する商社マンの案内でからゆきさんのお墓を訪れた。生い茂る草木をかきわけ、たどり着いた山の中のお墓は苔むし、名前も判然としなかったが、どれも海の方向、日本に向かって建てられていた。ほとんどが貧しい家庭の出で、多くが身売りされたであろう彼女たちは、望郷の念を抱きつつ生涯を終えたのだろうと私は手を合わせたのだった。

第一次世界大戦は日本と南洋、とくに南洋諸島との関係を、こうしたいわば自然発生的な結びつきだけでなく、委任統治という新たな政治形態を持ち込み、より明確な形で日本と南洋とを近づけるきっかけになった。

一九二二（大正十一）年にはパラオ諸島のコロールに南洋庁が設置され、各地に支庁を置き、南洋諸島を統括した。後年の南洋庁職員には、作家の中島敦がいる。中島は私立横浜高等女学校（現横浜学園高等学校）の国語と英語の教師を務めた後、一九四一年、南洋庁教科書編纂係として赴任した。翌四二年、太平洋戦争の激化で帰国し、代表作の一つとなる『光と風と夢』（芥川賞候補作）などを発表したが、気管支喘息のため同年十二月四日に亡くなった。三十三歳、惜しまれる早逝だった。

この頃には中島のように南洋諸島で暮らす日本人は相当多かったはずだ。『南の島の日本人』（小林泉著、産経新聞出版）によれば、南洋庁ができた時に約三千三百人だった日本人は、一九四〇（昭和十五）年には約八万四千人に膨れ上がり、現地人の約五万一千人を軽く超えている。二十年足らずで人口は二十五倍になり、日本人のなかに現地人がいるという状況が南洋諸島では生まれたのである。

その後も日本人は増え続け、ピーク時の人口は十万人近くに上った。海軍がパラオ諸島を占領した一九一四年、そこに定住していた日本人は南洋貿易株式会社の社員ら総勢でも二十五人だったというから、人口の急増ぶりが分かる。また他の島々も多くて二桁であり、一桁の島もあったのだった。

八万四千人がいかに大変な数字であるかは、たとえば二〇一二年現在のＡＳＥＡＮ十カ国の在留邦人の総計が約十五万人であることを考えれば想像がつく。戦前の日本の人口は今日より五千万くらい少ない七千万人程度だから、在留邦人の占める比率はグンと上がる。また八万四千人にはそれぞれ本土に親類縁者もいるだろうから、結局、南洋諸島に何らかの関わりを持つ日本人は、これに倍する人数になることは間違いない。南洋諸島が日本にとっていかに不可欠で、また日本人に身近な存在となっていったかが分かるだろう。

しかも南洋諸島は南洋の一部である。残るフィリピン、ボルネオ（現カリマンタン）、シンガポール、ジャワ、スマトラといった現在の東南アジア地域も含めれば、一体どれだけの日本人が暮らし、日本人社会を形成していただろうか。

一言でくくれば、こうなるだろう。当時の日本人にとって南洋とは外国ではなかった。内地の延長としての外地だった。そこに身近さもあったし、思い入れもあったのだと。

## ミクロネシアに遺る〝日本〟

私の手元に『日本統治下ミクロネシア文献目録』（風響社）という一冊の本が、編著者・山口洋兒という方からの手紙とともにある。

それは膨大な蔵書、報告書、資料、写真帳、図録、パンフレットなど、自ら所蔵する日本統治下のミクロネシアに関するありとあらゆるコレクションを目録化した労作である。収録数は単行本三千冊、雑誌八百点、新聞、絵葉書、各種パンフレットなど三百点以上と解説にある。南洋諸島の日本語関係コレクションとしては世界でも有数のものとされる。

ミクロネシア研究者なら誰一人知らない人はいないといわれる山口は、一九三五（昭和十）年にサイパンで生まれ、太平洋戦争の戦況悪化により九歳の時にテニアン島から内地に引き揚げた。祖父は一九一四年、海鳥の羽根の密漁船に乗り込んだところで第一次世界大戦に遭遇し、マリアナ諸島の無人島に置き去りにされ、やっとの思いでサイパン島に渡ったという経歴の持ち主である。その娘と結婚した父親は南洋興発株式会社の社員だった。つまり三代にわたるマリアナ諸島に縁の深い南洋一家ということになる。

家族にとって、また個人にとってもルーツである地域とはいえ、研究者でも学者でもない山口がなぜ生涯を賭けて膨大な資料を蒐集し続けたのか。その心中をうかがい知る言葉が文献目録に記されている。

《戦後の日本は、第二次世界大戦の心の傷跡からか、日本人特有の過度の反省からか、太平洋の島々に関してはあまり研究テーマとしては取り上げられず、わずかに人類学や考古学の少数の人々が注目していたにすぎなかった。それゆえ関係資料や研究書は古書店の片隅にほこりにまみれて積まれているだけであった。そうした光景をみると私は心が痛み、一冊、また一冊と入手していった》

一面識もない私に送られてきた『文献目録』に同封された手紙にも、似たような文章が綴られていた。ミクロネシアに関する私の新聞記事が目にとまったようで、「日本のジャーナリズムの第一線で私の故郷であるミクロネシア（旧南洋群島）に関心を持っていただいている方は千野様位なものです」とあった。その後も「お会いしたい」と何度かハガキを頂いたものの、体調不良で適《かな》わないのが残念そうだった。きっと南洋について思う事、感じていることを思い切り話したかったのだろうと推察する。今となっては、無理にでもお会いすればよかったと思う。

「千野様位なもの」という表現にはちょっと面はゆい気がしたが、文面から伝わってきたのは、南洋への関心の戦前と戦後の落差の大きさやジャーナリズムの関心の薄さ、そして顧みられること少ない南洋を故郷とする者としての一抹の寂しさなどだった。だから古書店巡りをしては南洋の資料に出合うと、それらが自分の分身のように思えて蒐集を続けたのだろうと思った。

私がミクロネシアに関心を持ったきっかけは、一九九九年二月に来日した太平洋島嶼国報道協会（ＰＩＮＡ）の会長と事務局長の講演を聞いたことだった。その頃、海外のメディアが日本に関してどのような報道をしているかをテーマにコラムを書いていたので、日本でほとんど知られていない太平洋島嶼国のメディアとはどのようなものか軽い気持ちでのぞいたのだ。

ＰＩＮＡは事務局をフィジーの首都スバに置き、太平洋島嶼国十六カ国・地域のメディアが参加する。当時の記事をあらためて見ると、《太平洋諸島にもグローバル化の波》《官僚汚職、政争が最大テーマ》などの見出しとともに、冷戦時代は米ソ角逐の場となり、指導者たちがこの対立を利用して最大限の援助を引き出したことなどが書かれていた。

『冒険ダン吉』に象徴される牧歌的な往時の南洋のイメージと、地政学的な国際政治の現実との対照に興味を引かれた。そしてミクロネシア、ポリネシア、メラネシアに分かれる地域のなかでミクロネシアをもっとも身近に感じたのは、先に述べたような日本との歴史的関わりの深さからいって自然だった。

ミクロネシアを訪れた日本人の多くにとって印象的なのは、太平洋戦争の激戦の跡とともに人々の親日家ぶりや日本的なるものの名残である。とくに南洋庁のあったパラオは日本時代の建物や神社、灯籠《とうろう》などの史跡が多く、風景自体が日本の農村を彷彿させる。また日本語教育の結果、コンニチハ、アリガトウはもちろん、デンワ、モシモシ、エンソク、ウンドウカイ、ベントウと言った生活、学校用語も沢山残っている。またミクロネシア連邦のエマニュエル・モリ大統領（在任二〇〇七〜二〇一五）は『冒険ダン吉』のモデルとされる高知県出身の森小弁《こべん》の子孫であるモリ・ファミリーの一族だ。一族の正確な人数は分からないが千人は下らないとされる。

このように日本の影響が大きい一方、アメリカと自由連合協定を結ぶ現在のミクロネシアは、米ドルが流通し、公用語は英語、スーパーの棚はアメリカ製の生活用品が占めアメリカの一地方のようでもある。

さらに最新情勢としては、中国の進出と在留中国人の増加がある。温家宝《おんかほう》首相、曾慶紅《そうけいこう》副主席、習近平《しゅうきんぺい》副主席、呉邦国《ごほうこく》全人代委員長といった首脳らが相次ぎ地域を訪問（肩書はいずれも訪問時）し、二〇一四年七月に安倍首相がパプアニューギニア（PNG）を、中曽根康弘首相（当時）以来二十九年ぶりに訪問した日本と対照的である。そのPNGに中国はオーストラリアに次ぐ援助をし、ミクロネシア連邦への援助もアメリカに次いで二位、トンガは最大の援助国となっている。二〇一五年四月に天皇皇后両陛下が慰霊のため訪問されたパラオも、いまでは観光や土地買収に訪れる中国人で溢れかえり、環境破壊など人々の生活への影響が懸念される事態となっている。

## 資源豊富な南方に活路を求める

日本人の南方との関わりの歴史は、矢野の『「南進」の系譜』における区分に従えば、大きく三つの時期に分けられる。第一期は〝からゆきさん〟に始まる明治初頭、第二期はそうした女性たちにとって代わり「グダン族」が優位となる明治末から大正初頭だ。「グダン族」とは、三井物産や台湾銀行、横浜正金銀行などのシンガポール支店に勤めるエリート日本人の代名詞だったという。それら支店の集まるラッフルズ広場やバッテリー・ロード一帯は「ゴー・ダウン」と呼ばれたが、発音がなまって「グダン」になったのである。これは元シンガポール特派員の私にはよく分かる。地元の人々の英語（通称シングリッシュ）は一般的に短縮して聞こえる。たとえば赴任当初、カーパーク（駐車場）は「カパッ」としか聞こえず、何度も聞き返したから、「日本人はやっぱり英語ができない」と相手を確信させたに違いない。

そして第三期が《国策としての「南進」政策が表に出てくる時期》（『「南進」の系譜』）である。第一期と二期がもっぱら経済的進出であったのに対して、第三期は経済にとどまらず、政治的・軍事的要素を伴ったものだった。時期的には昭和十五、六年（一九四〇、四一年）頃で、「大東亜共栄圏構想」もここに入る。

矢野によれば、南方関与が国策になったのは厳密に言うと昭和十一（一九三六）年夏のことで、八月七日の五相《ごしょう》（首相、外相、陸相、海相、蔵相）会議は次のように「国策の基準」を決め、これが日本の外交方針となった。
《南方海洋殊《こと》ニ外南洋方面ニ対シ我民族的経済的発展ヲ策シ努メテ他国ニ対スル刺激ヲ避ケツツ漸進的和平手段ニヨリ我努力ノ進出ヲ計《はか》リ以《もつ》テ満洲国ノ完成ト相俟《あいま》ツテ国力ノ充実強化ヲ期ス》（外務省編『日本外交年表並主要文書』〈『「南進」の系譜』より引用〉）

また同じ八月七日の四相（首相・外相・陸相・海相）会議で打ち出された「帝国外交方針」でも南洋は「世界通商上の要衝に当たると共に帝国の産業及び国防上必要欠くべからざる地域」と位置づけされた。フィリピン、オランダ領東インド（現インドネシア）、シャム（現タイ）などの国名が具体的に言及されている。

昭和十一年といえば2・26事件が起き、斎藤実内相や高橋是清蔵相らが暗殺され、東京に戒厳令が敷かれた。ヒトラーのドイツと日独防共協定を結んだのもこの年だった。翌十二（一九三七）年七月七日には盧溝橋《ろこうきょう》事件が起き、日中戦争が始まった。

南方ブームが、第一次世界大戦後のように再来する。ただし南方関与が国策となったことで、それは最初の時の自然発生的で民間が主体だったブームとは様相を異にした。そしてブームは「大東亜共栄圏」構想へと収斂されて行った。

日本が南方関与から「南進」政策に踏み切ったのは、昭和十五年七月発足の第二次近衛文麿内閣の時で、同月に決定された「世界情勢の推移に伴う時局処理要項」に次のように書かれている。
《支那事変ノ処理未《いま》タ終ラサル場合ニ於テ対南方施策ヲ重点トスル態勢転換ニ関シテハ内外諸般ノ情勢ヲ考慮シテ之ヲ定ム》（引用は『「南進」の系譜』）

具体的には同年九月の北部仏領インドシナ（仏印）への進駐が皮切りとなった。十月には「対蘭領東インド経済発展の為の施策」が閣議決定され、十一月には外務省に南洋局が設置された。こうして「南進」は明確な政策として中身が準備されてゆく。

背景には日中戦争が日本の思いどおりに運ばないことがあった。日本は施策の重点を満洲、中国などの北方から南方へと移すことを模索し、北部仏印進駐はいわゆる援蔣ルート閉鎖のために考えられた。蔣介石に送られる物資のルートを遮断しようというものだ。

また「南進」政策には南方の豊富な資源を確保することが大きかった。日米関係は悪化しつつあり、昭和十四年七月、アメリカは日米通商航海条約破棄を通告し、翌十五年一月には失効した。さらに在米日本資産の凍結（昭和十六年七月）、対日石油全面禁輸（同八月）と続いた。とくに石油の全面禁輸は資源のない日本にとって致命的と言ってよく、南方の重要性をますます高めて行ったのである。

一方、ヨーロッパではドイツが電撃戦によってフランスやオランダを次々陥落させていた。いずれも南洋に植民地を持つ国々である。そのドイツと日本はイタリアも加えて三国軍事同盟を結んでいる。「南進」を考える日本にとっては、これも有利な事態と考えられただろう。フランス人ジャーナリストで日本滞在の長かったロベール・ギランは『日本人と戦争』（根本長兵衛・天野恒雄訳、朝日文庫）で、《日本はドイツの当初の勝利に眩惑された》と書いている。

大東亜共栄圏という言葉も「南進」政策に踏み切った同じ昭和十五年八月に、外相、松岡洋右《ようすけ》が「日満支（日本、満洲、支那）をその一環とする大東亜共栄圏の確立を図る」という形で使ったのが最初である。そしてその地理的範囲が同年九月の「日独伊枢軸強化に関する件」で具体的になった。それによれば、地域は旧ドイツ領である委任統治諸島、仏印及び同太平洋諸島、タイ、英領マレーシア、同ボルネオ、蘭領東インド、ビルマ、オーストラリア、ニュージーランド、インドとなっている。

西太平洋上において日本がアメリカと戦闘状態に入り、南洋一帯が戦乱の地となるまでにあと一年あまり。石油やゴム、ニッケルなど資源豊富な南洋に活路を求める南方ブームは、太平洋戦争が始まるとさらに熱く続いた。

## 南方特別留学生たちの日本観

大東亜共栄圏構想は、太平洋戦争中に東條英機内閣の下で昭和十七（一九四二）年十一月、外務省とは別に大東亜省を設置することで具体化されていった。枢密院とともに外交の二元化であるとしてとくに強く反対した外相東郷茂徳《しげのり》は九月に外相を辞任しており、初代大東亜相は阿倍信行内閣の大蔵大臣で貴族院勅選議員だった青木一男が就任した。

大東亜省の主な業務はミクロネシア諸島などの委任統治領や占領地域を統治することで、モデルとなったのはイギリスのインド植民省だったとされる。

大東亜省は昭和二十（一九四五）年八月十五日の敗戦まで、わずか二年九カ月の短命だったが、今も歴史に残るのは作家、深田祐介の『黎明の世紀』（文藝春秋）によって一般の人々にも広く知られるところとなった大東亜会議だろう。満洲国や中華民国、フィリピン、ビルマ（現ミャンマー）、タイなどから代表を招いて、昭和十八（一九四三）年十一月五日と六日の二日間にわたって東京で開かれたものだ。文庫版『黎明の世紀』は、表紙カバーとともに冒頭の見開き頁に十一月六日、東條と代表者たちが国会議事堂前に勢揃いした記念写真を掲載し、本文を作家伊藤整の日記の引用から始めている。

昭和十六（一九四一）年十二月八日の開戦の日に《感想――我々は白人の第一級者と戦う外《ほか》、世界一流人の自覚に立てない宿命を持っている》と書いた伊藤は、会議開催を知った時、同じ日記にこう書いている。

《十一月五日　晴　北風

今日から東京で大東亜会議を開く由、突然朝刊に写真入りで出ている。満洲国張景恵《ちょうけいけい》総理、中華民国汪精衛《おうせいえい》院長（本名・兆銘《ちょうめい》）、タイ国のワンワイタヤコーン殿下、フィリピンのホセ・ペ（パシアノ）・ラウレル大統領、ビルマのウー・バー・モウ首相、外に自由印度仮政府首班としてチャンドラ・ボースが一度に揃った。壮観である。これは大東亜建設以来初めてのことで、大東亜の意気甚《はなは》だ揚《あが》る貌《かお》で、結構至極だ》（ルビは筆者）

会議では大東亜を米英の桎梏《しっこく》から解放するという大東亜共同宣言が全会一致で採択された。参加者の一人、ビルマ首相バー・モウは独立運動回想録『ビルマの夜明け』（横堀洋一訳、太陽出版）で、戦況厳しいなか、アジア各地から会議に馳せ参じた各国代表者たちの横顔や独立に賭ける思い、そしてこの会議の模様を、臨場感いっぱいに活写している。そして共同宣言の五項目を紹介した後、会議の終わりをこう結んでいる。

《こうして一九四三年十一月五、六日の両日、東京で開かれた会議において、数少ないアジアの夢想家たちの夢が数百万のアジアの人たちにとって現実のものとなったのである。アジアは初めてアジア人にとって現実と光明になり、アジア人は初めて自らの手で未来を追求し、計画を立てるために集まり、ひとつの声で語り、単なる民族としてではなく、地域として二元的性格を明示し、同時にまた初めてアジア人の意識、精神、誇りが現実世界の勢力として登場したのである。これらの出来事のひとつひとつはユニークで、全体としてアジアにおける進化の新時代を記録した》

宗主国イギリスに学んだバー・モウは強い反英精神の持ち主だった。その分、大東亜会議に対する期待も大きく、根底にはビルマ独立という大目標を前に敵の敵は味方、つまり難敵（イギリス）打倒のため日本と組むという戦略があったのだと言えよう。

バー・モウは終戦で一時日本に潜伏した後の昭和二十年十二月に連合軍に出頭し、巣鴨刑務所に収容後に保釈され、ビルマへ帰国した。独立したビルマで一時政界に身を置いたものの、ネ・ウィン体制下で拘禁、釈放という波乱の生涯を送った。

そして大東亜共栄圏構想からもう一つ生まれたのが南方特別留学生の一団である。

南方特別留学生はどのようにして生まれ、また彼らはどのような後半生を送ったか。その経緯は

「戦後五十年」企画で共同通信が連載し、後に単行本にまとめられた『アジア戦時留学生』（藤原聡他著、共同通信社）に詳しい。

その萌芽は大東亜省が発足した翌年、昭和十八（一九四三）年の二月初め、南方の軍政当局と地元住民の間に入って、軍政の手助けとなるような現地人青年の必要性が生じたことである。間もなく大東亜省が中心になって具体化され、まず百人ほどの留学生の受け入れが決まった。同書によれば、陸軍省軍務局長名でマニラ軍政監宛に打たれた電文はこのようになっている。

《十四歳ないし二十歳の将来有為な青年を二十名ないし二十五名選抜し、ある程度日本に関する基礎知識を与え、訓練を行い、できるだけ早い機会に日本に送れ》

ここで、「ないし」は上下の限界を示し中間を略すのに使われた語句で、昨今はあまり使われなくなった。現代風には十四歳から二十歳までの青年を最少二十人から最多で二十五人まで募集したわけだ。

同書によれば、名称は最初、「南方文化工作特別指導者の教育育成事業」だった。ところが文化工作ではあまりに露骨すぎるからと、最後に「南方特別留学生」に落ち着いたのだという。是非は別にして、最初の名称のほうが本来の趣旨が色濃く出ているのは確かである。

こうして選抜された南方特別留学生は第一期生が昭和十八年、第二期生が昭和十九（一九四四）年に相次ぎ来日し、全国各地の大学、専門学校、研究機関に入学した。同書の巻末に収められた二百五人の留学生名簿を見ていると、戦況が日増しに悪化するなかで、よくもこれだけ壮大な事業が行われたものだと感嘆する。

留学生はマラヤ（現マレーシア）、スマトラ、ジャワ、セレベス（現スラウェシ）、南ボルネオ（現カリマンタン）、北ボルネオ、バリ、ビルマ、フィリピン、タイと南方全域から来ており、派遣先も九州から北海道まで日本全国各地に広がる。ビルマ、フィリピン、タイの留学生たちは先の大東亜会議に招かれた自国の指導者たちの言動を伝える報道に誇らしさを感じたという（『東南アジアから見た近現代日本』）。

留学生たちのその後の経歴の多彩さにも驚かされる。政治、外交、経済、産業、医療、学界、ジャーナリズムと活躍はあらゆる分野に及んでいる。南方特別留学生はたった二期生のみの短命に終わったにもかかわらず、その芽は大きく育ち、戦後独立を果たしたそれぞれの母国でしっかりとした屋台骨となり、花を咲かせたことが伝わってくる。軍政を手助けするためという大東亜省の目的とは違ったわけだが、南方特別留学生という制度自体は、素晴らしい試みだったと言えるのではないだろうか。広く言えば人材育成であり、それは戦後の政府開発援助（ＯＤＡ）などでも高く評価される日本の得意とする分野ともなっている。

南方留学生は留学生たちの母国に寄与しただけではない。戦後日本にとっても、母国の各界で指導者となった親日・知日派である彼らとの繫がりは大いにプラスになった面が少なくなかった。

しかし留学生たちには、留学先が広島であったために原爆の犠牲になった痛ましい留学生も何人かいる。十二人を送り出したマラヤは、爆心地から一キロメートルという広島文理大学の二人が被爆死し、広島と京都に埋葬されている。戦争末期、将来を夢見て、数少ない留学のチャンスに恵まれ、勇躍来日したに違いない青年たちを襲った、酷薄としか言いようのない原爆投下だった。

二〇一四年八月、マレーシアを訪れた際に会ったズルキフィリ・アブドル・ラザクは、広島文理大生で被爆しながら辛くも助かったアブドル・ラザクの子息だった。

父親はマレーシアで「日本語教育の父」として知られる。日本から帰国した後に師範学校に入り、独立したマレーシアで国語であるマレー語を教えていた時に、マハティールのルック・イースト政策が始まり、その日本語力を見込まれたのである。マラ工科大学で日本留学コースの責任者を務め、多くの日本語学生を育てた。先述の『アジア戦時留学生』のなかで、当時教務責任者だった生前のラザクが日本語についてこう語っている。

《「私はね、日本語が好きですよ。きれいな言葉ですね。特に女性の言葉が。尊敬語とか丁寧語とか、言葉の抑揚も美しい。マレー語にもよく似たところがある。残念ながら最近の日本人の日本語はちょっと変わったようですが……」

と語る彼の語り口は、実際とても柔らかい》

子息のラザクによれば、父ラザクが原爆について多くを語ることは、生涯なかったという。「ただ夜、寝ていて何度かうなされることがあったようです。原爆の体験が甦ることがあったのかもしれません」。そう語るラザク・ジュニアは、この時ばかりは静かに声を落とした。

「私は父のように言葉の才能はなかったみたいです。ですから残念ながら日本語はダメなんですよ」と苦笑するラザクだが、教育問題の専門家でユネスコ活動などにも携わり、教育者として日本とマレーシアの架け橋役を日々、果たしている。その意味で父の遺志を立派に継いでいるといえるだろう。

やはり被爆した、スマトラからの二期生で戦後は外交官となり日本でも勤務し、さらにインドネシア紙の東京特派員や筑波大学、神田外国語大学などで教授を務め、日本の論壇でも活躍したのは、国際政治学者アリフィン・ベイ（一九二五〜二〇一〇）である。留学先の広島文理大校舎で被爆し、自らも負傷しながら、他の負傷者の救助にあたった。

アリフィン・ベイは二〇一〇年九月二日、八十五歳で亡くなった。新聞の訃報欄だけでなく、『週刊新潮』がコラム「墓碑銘」でベイを追悼したのは、アカデミズムからジャーナリズムまで、その幅広い活躍を物語るものだろう。いま墓碑銘をあらためて読むと、ベイが切望していたという次のようなくだりは、今こそＡＳＥＡＮ各国と日本が協働して、取り組んでよいプロジェクトではないかと思う。

《教育、特に留学によりその国の文化的基盤まで体得した人材を育て、対話と信頼を築くことを目指した。日本の製品やビジネスマンは東南アジアにあふれていても教育を通じた人的な絆はヨーロッパとの方が強い。ベイさんは日本が中心となり、多文化共生を育む国際的な高等教育機関が設立されることを切望していた》

そしてまたベイが書き残した数多くの日本論やアジア太平洋論は、時間の経過で風化を免れない側面はあるにしても、今なお新鮮な指摘が少なくない。

一九八七年に刊行された『アジア太平洋の時代』（小林路義訳、中公叢書）のまえがきで、ベイは日本の果たすべき役割について次のように書いている。

《今必要なのは、この新しい時代に対して積極的に貢献しようという自覚と姿勢であると思う。「国際化」という時、日本は今までどちらかというと、自分の必要と関心によってしか、そしてまたその範囲内でしか、「国際化」を考えてこなかった。その意味で日本人は未だ〝非常勤国際人〟であり、世界の一員となることに躊躇を感じているように思われる。しかし、我々の日本に対する期待は、この新しい「アジア太平洋の文明」の建設に、日本が積極的に貢献することによって〝常勤国際人〟になることである。それはまた同時に、世界の一員としての役割を分担し、責任を果たすことを意味する。その時初めて、日本は日本自身のほんとうの繁栄と名誉ある国際的地位を獲得することだろう》

ベイの指摘からすでに二十七年が経過した。日本は果たして非常勤を返上し、常勤国際人になっているだろうか。

# 5章　岸信介のアジア

## 〝巣鴨の盟友〟、岸とラウレル

「大東亜共栄圏」や「南洋」、「南方」は戦前であり、戦後は「東南アジア」となったと書いた。そしてそこには単なる表記以上の違いがある。

しかし政治家としての主舞台が戦後にありながら、大東亜共栄圏や南方の気配を感じさせずにはいられない政治家がいる。第五十六、五十七代首相、岸信介（一八九六〜一九八七）である。

岸の名前を聞いて多くの人が思い浮かべるのは、「日米安保改定」や「A級戦犯（容疑者）」、ないしは「保守合同」、あるいは「満洲国の革新官僚」などだろう。近年は「安倍晋三首相の祖父」もある。まだ幼かった安倍がふざけて「アンポ、ハンタイ、アンポ、ハンタイ」とはしゃぐのを笑いながら見ていた祖父のエピソードを思い浮かべる人も少なくないかもしれない。

評伝や伝記、自らの回顧録なども、多くのページがさかれているのは六〇年安保改定や五五年体制の始まりとなった保守合同などについてであり、大東亜共栄圏や南洋、南方でも東南アジアでもない。

しかし多く書かれていないからと言って、岸自身の関心がそこになかったとは言えない。書かれていないのは、むしろ書き手の方が安保改定や保守合同ほどには関心を抱かなかったからであり、時代もまた、岸という政治家を俎上に載せる時、安保改定や保守合同のテーマを優先したのである。

岸と東南アジアとの関わりを考えるとき、前章の冒頭で取り上げたフィリピンの独立運動家、アルテミオ・リカルテの記念碑は、やはり岸信介によって建てられるべくして建てられたのだと思う。

岸がリカルテを顕彰したのは、財団法人フィリピン協会会長としてであった。

フィリピン協会の歴史は古い。同協会のホームページには、フィリピンのアメリカ統治下時代から設立の動きがあり、一九三五（昭和十）年に独立準備政府が樹立されたのを機に同年八月、日比親交と文化交流発展のため財団法人フィリピン協会が設立され、初代会長には徳川頼貞《よりさだ》侯爵が就任したとある。岸は九代目会長だった。岸とフィリピンの関係そして協会会長就任には、岸の巣鴨プリズン時代が無関係ではない。

岸がA級戦犯容疑者として一九四五年十二月八日から四八年十二月二十四日の釈放まで約千日余りを過ごした巣鴨には、同じ頃、リカルテとともにフィリピンの独立運動を戦い、日本占領下のフィリピンで大統領を務めたホセ・ラウレルも入っていた。

戦局の悪化に伴い、日本への亡命を勧められたリカルテが「祖国に留まる」と断ったことは先に書いた。これに対してラウレルは、次男ホセ・ラウレル三世（後に駐日フィリピン大使）ら一族とともにフィリピンを脱出し、台湾を経由して四五年六月初めに日本に到着した。そして奈良ホテルに疎開し、そのままそこで八月十五日の終戦を迎えた。ラウレルは次男とともに連合国軍総司令部（GHQ）に逮捕され、巣鴨に送られた。この時、現在のフィリピン大統領ベニグノ・アキノ三世の祖父で国会議長だったベニグノ・アキノも一緒に逮捕、収監されている。

つまり岸とラウレル、さらにアキノは巣鴨の盟友というわけである。

ラウレルは一八九一年、バタンガス州に生まれた。庶民の出のリカルテと違って、父親はアギナルド政権の国務次官を務め、自身もフィリピン大学を卒業すると、米エール大学に留学して法学博士号を取得したフィリピンの上流階級出身のエリートだった。また一九三八年には東京帝国大学（現東京大学）からも法学博士号を得ている。

ラウレルの持論は「アジア人のアジア」であり、日本をよく知り、とくに岡倉天心の『東洋の理想』や新渡戸稲造の『武士道』などに感銘を受けたといわれる（『黎明の世紀』）。大統領に就任してまもなく出席したのが大東亜会議だった。

ラウレルは知日派で親日家でもあったが、根底には常に祖国フィリピン独立への思いがあった。大東亜会議においてもそれは貫かれ、大東亜共栄圏は一特定国の利益のためにあるのではないと論じた。やはり会議に出席していたビルマの首相バー・モウは《彼の演説は、数世紀にわたって鎖につながれてきたすべてのものの反抗とアジア人の怒りによってふちどられ、胸の底からつきあげるような激情的な演説だった》と著書『ビルマの夜明け』で書いている。

したがってラウレルは日本軍のフィリピン統治に関しても「力で強圧するのでなく、なぜ人情をもって臨まなかったのか」と当時の駐比大使に厳しい批判を浴びせた。

またフィリピン国民の親米感情を知っていたゆえに、日本と同盟条約を結んだ後も対米宣戦布告を延ばしに延ばし、一九四四年九月にダバオとマニラが空襲されるにおよんでようやく宣戦布告ではなく「米英との交戦状態」を宣言するしたたかさも持っていた。この時、来日したラウレルは東條に「米英両国に宣戦布告することを要望する」と言われ、一瞬間をおいてから「まず結論はノーであります」と述べ、フィリピン国民の親米感情について説明したのだった。東條は静かに耳を傾けていたと、同席していたラウレルの顧問、浜本正勝が戦後、回想している（中野聡、浜本正信構成・文責「浜本正勝証言集 第一部」）

このように理論派でありながら祖国独立への激情と鋭い知性を備えたラウレルと、頭脳の明晰さでは人後に落ちず、巣鴨で古今東西にわたる万巻の書を読破した岸とが獄中という閉ざされた空間で出会ったのである。巣鴨のなかで、二人がどのような機会に何を語りあったかなどの詳細はつまびらかではない。しかし自由を制限された場所だからこそ逆に凝縮された時間を二人が持ち得た可能性は大いにあり得る。

岸が後継と見なし、またそのような岸に仕えた第六十七代首相、福田赳夫は著書『回顧九十年』（岩波書店）で、日比関係を開拓したのは岸であり、岸を通して歴代のフィリピン首脳と親交を持つようになったとした上で、ラウレルについて次のように書いている。

《岸さんとフィリピンとの関係は、東條内閣時代にさかのぼる。東條内閣が援護した戦時中のフィリピン政権の大統領はラウレルという人で、彼は東條首相が主宰した大東亜会議にも出席している。日本の敗戦で、ラウレル大統領は本国では安住できず日本に逃げてきた（実際の来日は敗戦前）。日本の陸軍士官学校を出た子息のラウレル三世を連れて奈良にやってきたのだが、米軍のＭＰに捕

らえられて岸さんと同じ巣鴨刑務所に収容され、獄中で岸さんと親交を結んだ》

一九四六年七月、ラウレルはフィリピンに帰国し、五一年には上院議員として政界にカムバックした。五六年七月には日本とフィリピンとの賠償協定が発効し、国交を回復した。この時岸はすでに政界の中枢にいた。そして六六年にフィリピンから初代駐日大使として赴任したのが、次男ホセ・ラウレル三世だった。

ラウレル三世はケソン大統領の時代に日本の陸軍士官学校初のフィリピン留学生に選ばれ、陸軍少尉として前橋の歩兵連隊に勤務した、父に勝るとも劣らない知日派だった。卒業後はケソンの侍従武官となり、やがて大統領となった父を補佐した。駐日大使として東京に赴任したラウレル三世は何かと岸を頼りにし、岸もまたそれに応えたのは言うまでもない。先述の『回顧九十年』も次のように書いている。

《日本とフィリピンが国交を回復すると、ラウレル三世が初代大使として日本にやって来た。自ずと、岸さんを頼りにする。それで「日比協会」（原文のママ）というのが出来て、岸さんが初代会長になった。岸さんが亡くなったあとは、私が会長を務めている》

リカルテの碑は、会長岸とこの駐日大使ラウレル三世の下で建てられたのである。その後も両者は家族ぐるみの親交をつづけている。フィリピンにはカウンターパートの比日友好親善協会が岸の時代に設立され、現会長はラウレル三世の子息であるフランシス・ラウレル氏が務めている。

## 東南アジアをくまなく歴訪

岸にとって大東亜共栄圏や南洋とは何であって、それは戦後の東南アジアとどのように結びついているのか、あるいはいないのだろうか。

岸は戦前、大東亜共栄圏構想の時代である東條英機内閣で商工大臣という主要閣僚を務め、戦後は、東南アジアとの関係を重視し、この地域をくまなく歴訪した戦後初の、岸自身の言葉を借りれば「明治政府始まって以来の首相」だった。

岸は明治二十九（一八九六）年一月、山口県に生まれた。一高、東京帝大を経て大正九（一九二〇）年に農商務省に就職し、満洲国勤務（昭和十一～十六年）の後に帰国、商工次官から商工大臣（後に国務相・軍需次官）となった。しかし太平洋戦争をめぐって首相の東條英機と対立し、昭和十九（一九四四）年に軍需次官を辞任した。

「大東亜共栄圏」は岸の親戚筋で第二次近衛内閣の外相を務めた松岡洋右《ようすけ》の作ったスローガンで、それ以前は「東亜新秩序」（のち「大東亜新秩序」）と称されていた。

岸がそれまで緊密だった東條英機と対立するきっかけとなったのは、サイパン陥落（昭和十九年七月。サイパン島は大本営が昭和十八年に絶対国防圏と定めたマリアナ諸島の中核拠点）だったといわれている。

《「サイパン陥落は日本の戦争継続を不可能にした」というのが岸の主張であったのにたいし、「作戦的判断は軍人のやることであり、岸ら素人の関知するところではない」、というのが東条の立場であった。しかし、サイパン陥落によって日本本土が米軍用機Ｂ29の攻撃射程に入ったことは事実である。軍需次官として管轄する国内各地の軍需工場が米軍の爆撃にさらされることは自明であり、対米戦争はもはやこれまでというのが岸の判断であった》（原彬久著『岸信介』岩波新書）

昭和十九年十一月にはＢ29による東京初空襲が行われ、米軍は翌年二月には硫黄島《いおうとう》、五月には沖縄に上陸し日本は追い詰められて行った。岸はサイパンの戦略的重要性を認識していたから、それが米軍の手に落ちた以上は先行きを読み、いかに早期に、つまりは少しでも有利に終戦に持ち込むかを考えるリアリストだった。

根底には岸のアメリカ観もあったと考えられる。岸は大正十五（一九二六）年、事務官として初めてアメリカ独立百五十周年記念のフィラデルフィア万国博覧会へ出張し、アメリカ経済の巨大さに圧倒され、一種の反感すらもったという。競争しようとか対抗しようということはとても考えられないというのが率直な印象であったらしい（『岸信介』参考）。しかしそういうアメリカに対しても、日本の国益を巡っては唯々諾々と従うわけにはいかない、戦わざるを得ない場合もあるというのが岸のアメリカ観だったし、ひとたび戦争続行が不可能となれば、玉砕はしないとプラグマティックに転換するのも岸だった。

前出の『岸信介』は『東條秘書官機密日誌』（赤松貞雄著、文藝春秋）を引用しながら、これに対してひとり東條が、「日本の長所は、皆が生命がけであり、死ぬことを敢えて恐れぬことである」として、持論である「決死隊精神」を秘書官たちに語るだけだったと書いている。

こうして二人は袂を分かつ。ただし岸のこの判断と東條との対立は、戦局が悪化するなかで早手回しに戦犯逃れを考えた上での行動だったのではないかとの見方もある。原も先の書で《確かに烱眼の岸ならば、ありうることである》と書いているが、つづけて《しかしこの憶測をすべて肯定するには、事態はあまりにも複雑であったといえよう》と結んでいる。

東京を去り、故郷で敗戦を迎えた岸はA級戦犯容疑者として逮捕され、巣鴨プリズンに収容された。先に述べたように、そこにはフィリピンのラウレルも収容されていて親交を結んだのだ。しかし絞首刑に処された東條英機らと異なり、三年三カ月後の昭和二十三（一九四八）年十二月に釈放され、出所した。そして対日講和条約発効後に公職追放も解除され、政治活動を再開する。

復帰の足取りは順調だ。岸には臆するところがないようだ。昭和二十九（一九五四）年十一月には鳩山一郎と日本民主党を結成して幹事長となり、自由党と民主党の保守合同を主導。五五年には自由民主党の初代幹事長に就任し、同年十二月に発足した鳩山政権で外務大臣となった。つづく自民党総裁選で石橋湛山《たんざん》に敗れながら、首相となった石橋が病のために退陣するという想定外の事態によって、昭和三十二（一九五七）年二月、首相の座を射止めた。政界復帰からここまでわずか四年足らずの短さである。

その三カ月後、岸は首相として初の外遊に発つ。選んだ行き先は東南アジアから、今日でいう南西アジア、東アジアまでアジアの広い地域にわたり、五月二十日のビルマを皮切りに、インド、パキスタン、セイロン（現スリランカ）、タイ、台湾の六カ国、十六日間におよんだ。

それは戦後、首相として初の東南アジア訪問であっただけでなく、第一次東南アジア訪問でもあった。六月に安保改定のためのアメリカ訪問を済ますと、さらに同年十一月には再び南ベトナム

（現ベトナム）、カンボジア、ラオス、マラヤ（現マレーシア）、シンガポール、インドネシア、ニュージーランド、オーストラリア、フィリピンの第二次東南アジア九カ国歴訪を行ったのである。

ちなみに合計十五カ国には、かつての大東亜会議に参加した六カ国中五カ国（ただしインドは自由仮政府）も含まれている。残る一カ国は戦後、消滅した満洲国である。

二回の歴訪で岸は当時の全東南アジアを訪れたことになる。これまた首相として初めてのことだった。

二〇一三年一月、二度目の首相に就任した安倍晋三が最初の外国訪問先として東南アジアを選んだ時、私は「岸訪米の軌跡たどりて」というコラムを書いた（産経新聞、二月七日付）。祖父と孫が五十六年という歳月を隔てて、首相として同じ国々へ、同じ順序で歴訪する。安倍の場合は訪米を最初に企図したものの、オバマ大統領の就任式による日程調整の結果、東南アジアが先になったのだが、そのことも含めて歴史の不思議な符合を感じたからである。

岸は最初から訪米前に東南アジアを訪問すると決めていた。岸には東南アジア訪問は訪米前でなければならなかったし、訪米のためにもそれは必要だった。

その理由について『岸信介回顧録』（岸信介著、廣済堂出版）や『岸信介の回想』（岸信介・矢次一夫・伊藤隆著、文藝春秋）、『岸信介証言録』（原彬久編、中公文庫）などで、岸はさまざまに語っている。ここでは『岸信介回顧録』から少し長いが引用したい。

《今でこそ日本の総理大臣が東南アジアの国々を訪問することは珍しくなくなったが、私のときは戦後、というより明治開国以来初めてであった。しかも米国行きの前にひとわたり訪ねてみようというのには、私としての考えがあったためである。東南アジアの国々は、第二次世界大戦まではタイを除いて欧米列強の植民地であった。（以下、国名をあげた後）これらの地域は第二次大戦後いっせいに独立した。しかし独立したものの日なお浅く、新国家建設のためいずれも悪戦苦闘を強いられていた。

これらの国には、戦時中色々迷惑をかけたり、被害を与えたりしたことに対し遺憾の意を表すると共に、アジアの日本としてこれらの国々の実情を把握し、首脳者と親しく語り合ってその要望を十分に把握した上で米国と話し合いに入ることが適切であると考えたのである》

さらにそれは何より日本のためでもあった。岸は続ける。

《アジアに平和と繁栄をもたらすことが世界平和に貢献する所以であり、同じアジアに位置する国家、民族として日本はアジア外交を積極的に展開しなければならない立場にあった。そのためには新興国家の実情を把握し、それぞれの首脳たちと親しく話し合って、彼らが何を目標とし、何を希望し、何を排撃しようとしているかを知る必要があると思ったのである。私はこれらの知識、体験を踏まえて米国との話し合いに臨むことが、米国訪問をより実りあるものにすると信じていた。アジアにおける日本の地位をつくり上げる、すなわちアジアの中心は日本であることを浮き彫りにさせることが、アイクに会って日米関係を対等なものに改めようとする私の立場を強化することにな

る、というのが私の判断であった》

盟主という言葉こそ使っていないが、ここから読み取れるのは明確な盟主意識である。それぞれの国の国勢・国情をつぶさに見、それらをバックに、孤立した日本ではなく、アジアを代表する日本としてアメリカと向かい合い、少しでも対等な関係を構築することに心をくだく。この点において岸の考え方は、戦前戦後を通じて一貫している。

日本を盟主とした大東亜共栄圏構想の日本と、アジアの中心であり代表としての日本、またそれゆえの東南アジア訪問という考えは岸のなかで矛盾していない。

岸はなぜそのように考えたのか。岸は滿洲で三年間の勤務の後、帰国し、大東亜共栄圏構想の下で商工大臣という要職を務めた。しかし構想は日本の敗戦で未完に終わった。だからと言って、岸が東南アジア歴訪に大東亜共栄圏構想の復活とか夢とかを考えたというのは当たらない。前にも書いたが岸はリアリストである。また、あらためて後述するが、戦前から大アジア主義に共感する一方、欧米の情勢にも通じ、鋭い国際感覚を持っていた。岸から見れば、当時の東南アジア情勢は考慮すべき優先課題だったのである。

戦後のアジア。太平洋戦争が終わるや、中国大陸で激化した国共内戦は共産党が勝利し、一九四九（昭和二十四）年十月一日、中華人民共和国が成立した。戦後アジアの盟主には国民党の中華民国がなることを想定し、期待もしていたアメリカの大統領フランクリン・ルーズベルトの思惑は完全に外れてしまった。さらに一九五〇（昭和二十五）年には朝鮮戦争が勃発、人民義勇軍を北朝鮮に送った中国を、国連は侵略国と認定する事態となった。米ソ対立のみならず、米中対立も生まれる。そして五三（昭和二十八）年に朝鮮戦争が休戦協定調印にこぎつけ、戦火が止《や》んだのもつかの間、台湾海峡で危機が発生する。五四（昭和二十九）年、中国軍は金門《きんもん》・馬祖《まそ》両島を攻撃した。

冷戦が熱戦に転じかねない、このようなアジア情勢を踏まえ、岸は訪米に先立ちアジアを訪問することで、アメリカの戦後構想に対して、アジアを反共産主義で結束させ得る「盟主・日本」としての存在をアメリカにアピールしたかったのではないかと考えられる。

もっとも盟主という用語は厳密には同盟の主宰者という意味だから、戦後のアジアで同盟なき日本では、盟主意識でなく指導者意識と置き換えたほうがよいかもしれない。

それでは、岸のこのような考え方はどこに由来しているのか。

岸のアジアへの関心が、青年時代から北一輝《きたいっき》の国家社会主義や大川周明《しゅうめい》の大アジア主義に大きな影響を受けたことはよく知られている。前者については「大学時代に私に最も深い印象を与えた一人であった」とし、その著作『国家改造案原理大綱』を、夜を徹して筆写したと後年、回想している。

後者は、その北一輝と親交を有し、日本改造主義者とされ、血盟団事件に関与したほか、五・一五事件では禁錮五年の判決を受けて服役した。また満鉄調査部にも勤務し、『岸信介証言録』によれば、岸は満洲行きやアジア諸国に対する関心が大川の大アジア主義に結びついていることを認めている。

周知のように北は2・26事件に連座して皇道派の青年将校とともに死刑に処され、大川も民間人として唯一人、A級戦犯被告となりながら、精神異常の理由で審理を除外されるという尋常ならざる人生を歩んだ。このように波乱に富んだ過激な人物に共鳴し、時代環境が百八十度変わった戦後に、そのことを言って憚《はばか》らないところにも岸の岸たる特徴があるように思える。

逆説的な言い方になるが、そのように言い切れるということは、確かに影響は受けたが、その呪縛から自分が自由であることに自信があったからではないか。その後の人生で多くの人間と出会い、知識、教養、経験を豊富にしている。この二人は青春時代の鮮烈なひとコマとして残っているにしても、それだけのこと、岸はそこで思考停止してしまうことや、ましてそれに殉じるようなことはなかった。ドライなのである。

また岸の精神的・理論的バックボーンとして、故郷山口、というより長州の風土も無視できない。言うまでもなく長州は、明治維新の志士たちを数多く輩出した。安倍が忙しい公務をぬって、高杉晋作の墓参りや吉田松陰神社へ参拝したことは報道されているが、岸にとって明治維新や志士たちは、さらに時代的にも近く具体的で身近な存在だったに違いない。岸が身内でもっとも尊敬したという曾祖父は吉田松陰と親交があり、手紙も交わしている。岸はその手紙を見たことがあるという。曾祖父は他にも伊藤博文、井上馨、木戸孝允《たかよし》（桂小五郎とも）ら明治維新の立役者たちと深い交友関係があった。岸がそれら維新の人々や彼らを育んだ長州を愛し、また誇りとし、自らの支えとしたことは想像に難くない。

国家を担う。国家を統治する。国家を運営する。表現はどうあれ、長州には岸に国家意識と国家への向き合い方を自然に育てていく風土があったのではないかと思われる。その意味で、岸が商工省を去り、満洲へ向かったことは国家運営への第一歩だった。そして岸のこのような国家観の基本は戦前と戦後で変わらず、したがってアジアへの関心も変わらないわけだろう。

『証言録』のなかで、アジア諸国への戦前と戦後のアプローチに断絶がないのなら、日本はあくまでもアジアのなかで指導国にならなければならなくなり、ともするとアジア諸国から反発を招きませんか、という原の質問に対して、岸はこう答えている。

《いや、それはね、指導国になるということは、われわれの態度なり実際の行動次第だと思うんですよ。アジア諸国に脅威を与えないためには、これら諸国を威圧するような軍事力を日本はもたないということも必要でしょう。それから、われわれの経済外交というものも、独善的な考え方に立つことのないようにするのは当然です。たとえば福田（赳夫）君が福田ドクトリン（筆者注：一九七七年八月、福田首相がマニラで発表した東南アジア外交三原則。一八一～八五頁参照）で唱えたように、アジアにおける人材養成に日本が貢献するなどということは非常に重要です》

ここに表明された岸のアジアへのアプローチは、驚くほど当たり前というか真っ当で穏当である。福田の全方位平和外交も福田ドクトリンも岸外交とはいささか違うのではないかと思ってきた私には、福田ドクトリンの言及に意外さを覚えたが、考えてみれば自分の後継者であり、人材育成の重要性の部分を取り上げているのが岸らしい。

岸はつづけてこう語っている。

《例えば戦前の日本が、その武士道的な態度でアジアの人々に感化を与えたことは、非常に大きな意味を持っていると思うんです。（中略）将来外国で中心となるべき若い人々を日本で教育することはやはり必要ですよ。大アジア主義の考え方そのものでなくとも、さらにもう一段進んで、人間として感銘を与えるようなアジアの団結とか理想というものが実現されてしかるべきだと思うんです》

これらの述懐からは、やはりアジア主義やアジアとともにという思想は岸のなかで生き続けているのだなという印象を受ける。だからこそ戦前と戦後の間に「断絶はない」と言えるのだろう。それでは戦前から戦後へ、時代は岸に何の変化も及ぼさなかったのだろうか。そんなことはないと私は思う。

後に述べる東南アジア開発基金構想に象徴されるように、岸は戦後の東南アジアに大事なことは経済発展によって豊かになることであり、日本はそのために協力を惜しまない、それが日本のためでもあり、アジアが共産主義に勝利する道であると考えていた。

戦前に満洲、あるいは大東亜共栄圏構想で岸が目指したことも経済建設による富国であったが、日本の置かれた国際場裏は戦前と戦後ではまったく異なるものだった。片やアメリカとの戦争という非常事態が進行し、戦後は自由主義陣営の一員としてアメリカの核の傘の下に入った。

一口で言えば、岸にとっての日本は「大東亜共栄圏の盟主」から「アジアの自由主義陣営における指導者」へと転換したということになる。

サイパン陥落をめぐる東條との対立で岸の方がリアリストであると先に書いた。戦前から戦後の国際情勢の変化においても岸はプラグマティックに対応したのだ。

そうであればこそ、アメリカといかに連携するかも重要だった。世界は東西冷戦の真っ最中であり、巣鴨以来、ソ連共産主義を憎む気持ちは人後に落ちず、後述するように岸政権で打ち出した「自由主義諸国との協調」は日本外交の三本柱の一つとなった。

さらに岸が対米外交強化のために東南アジア訪問を考えるに至った背景には、鳩山一郎政権下での訪米体験も強く働いていたように思える。

昭和三十（一九五五）年八月、日本民主党幹事長の岸はワシントンで重光葵《しげみつまもる》外相とジョン・フォスター・ダレス国務長官との会談に河野一郎とともに同席した。この時、やや唐突ながら、安保条約の片務性を改め、相互防衛的な内容にしたいと提案をした重光に対して、ダレスの反応は冷淡なものだった。日本の防衛力は不十分で安保改定より軍備拡充が先決なこと、憲法が海外派兵を許さない以上、対等なパートナーシップなどありえないこと。つまり改定は時期尚早であると一蹴されたのだ。

「グアムが攻撃されたら、日本はアメリカの防衛に駆けつけてくれるのかね」

ダレスが重光に浴びせたこの痛烈な一言に、同席していた岸は、重光の唐突な提案に内心驚きつつも、敗戦により武装解除された日本の現実を同席した三人のなかでもっとも強く意識し、「安保改定」に政治生命を賭ける政治家・岸信介の原型が出来たのではないだろうか。

岸自身もこの時、安保改定への思いを逆に強くし、日本自身の防衛の強化と日米安保体制を対等で合理的なものにしなければならないことを考えたと、『岸信介』で著者原彬久のインタビューに答えている。

しかし興味深いのは、アメリカがこの時、もっとも評価した政治家は岸だったということである。二十九日、三十日の重光・ダレス会談に向けて、国務省がダレスのために用意した八月二十二日付メモは岸について次のように書いている。

《岸は、日本でもっとも鋭い政治家であろう。保守合同推進派の最先端であり、どちらとの関係も傷つけることなく、鳩山と緒方の間の仲介をしている。岸は第一次東条内閣で商工相を務め、現在は民主党の幹事長である。彼は精力的で想像力のある人物である。日本人の間での評判では、すぐには首相になれないかもしれないが（現在五十七歳）、これから重要な役割を果たすと思われる》
（加瀬みき著『大統領宛日本国首相の極秘ファイル』毎日新聞社）

同じメモのなかで重光は《鳩山引退の際には首相の座を狙っている。……保守勢力の中のいかなる大きなグループからも尊敬や忠誠を得られていないから、明らかに政治家として実力がないと思われる》と評価は低く、河野に至っては《古いタイプの政治家である》としか書かれていないのと対照的である。

アメリカ政府内の岸の評価はその後、さらに上がる。

前掲書によれば、一九五七（昭和三十二）年五月の岸訪米を前に日本などアジア数カ国を訪問したナッシュ大統領顧問は、ダレスに《岸は（アメリカにとって）「最善の賭け」であるばかりでなく

「唯一の賭け」》と報告する。三年前には、吉田首相の後任として、緒方や池田に比べて望ましくないと見なされていた岸像は変わり、ナッシュはダレスに《我々の味方につけるために「本格的な努力」を（岸に対して）すべきだ》とも具申している。本格的な努力とは何か。それはソ連の脅威についての岸に徹底的に説明することだった。というのも、アメリカは、ソ連の脅威にさらされながら現実を認識しない日本を《不思議の国のアリスの夢の世界》にいるような心理状態と見ていたからである。

それにしても岸が訪米前に東南アジアを歴訪したのに対して、迎えるアメリカが岸の訪米に備えて大統領顧問をアジア数カ国に派遣し、周到に情報収集していたのは日米交渉の舞台裏を見るようで興味深い。

### 「おかげで我々は独立できた」

東南アジア歴訪に話を戻す。岸が第一次歴訪でもっとも意識し、注目した指導者はインドのジャワハルラル・ネール首相だった。当時ネールは、アジア・アフリカ諸国の代表が戦後初めて一堂に会したバンドン会議で、中国の周恩来首相とともに非同盟主義を標榜する第三世界のリーダーとしてスター的存在となっていた。

《そういうネールと、一方は米国との親善強化が世界の平和と日本の繁栄の基礎であると確信している私との出会いに、十数人の同行記者が興味を感じたのも不思議ではない。事実、私もいささか緊張した》（『岸信介回顧録』）と回想している。

非同盟主義と対米協調は一般に相容れないものと考えられていたし、アメリカはバンドン会議に極めて冷ややかでもあった。だからこそ岸も緊張したのだろう。しかしネールは並の政治家ではなかった。対米だけでなく、もう一つ、日本とインドで立場の異なる中国をめぐる対応についても、ネールは《(インドが)中共政権を承認したことと中共政権の思想を承認することとは全く別問題である》と、日印の提携、親善に中国は何の障害にもならないと断言した。気を良くした岸が訪日を勧めるとネールは即座に応じ、実際にそれから五カ月後にネールは来日している。

岸がネールに強い印象を抱いたのには、ニューデリーの下町で開かれた岸歓迎式典におけるネールの演説のせいもあった。ネールは岸の紹介を日露戦争から説き起こし、自分が一生をインド独立に捧げることになったのは、世界一のロシアをやっつけた日本のおかげであると言い、「その総理大臣が今、ここにいる人なのだ」と岸を持ち上げた。

さらに東洋文明は西洋文明にひけをとらないことや、日本はそのような精神文明を持つのみならず科学技術もあり、原爆を落とされながら焼け野原から復興したことなどを称え、自分たちインド人もできないことはないから奮い立とうと大衆に語りかけたのだ。岸はこれが大衆政治家だとネールをうらやましく感じたとも『回顧録』で告白している。

岸はネールの思いがけないほど高い日本の評価に大いに気を良くする。いや、インドだけではない。他の国々も、岸訪問を報じる地元メディアは、もちろん、なかには警戒感もあったが、戦後の目覚ましい復興や経済支援などへの期待もあって、おおむね好感した。歴訪一年前の昭和三十一(一九五六)年、『経済白書』は「もはや戦後ではない」と書いていた。

岸自身、訪問の先々で日本に対する賞賛や期待を聞かされ、歴訪の総括として次のような思いを吐露している。

《第一に太平洋戦争及び戦後の日本に対する国内と東南アジア諸国の評価の違いを感じた。日本国内では米国の占領政策により、日清、日露戦争以来太平洋戦争に至るまで、日本のしてきたことはすべて悪であると指導されてきた。（中略）私も戦争をいいとはさらさら思っていないし、まして負けた戦争の惨めさに至っては二度と味わいたくない。しかし、敗戦によって民族の歴史、伝統に対する正当な理解と自信を失うことは避けねばならない。反省は必要だがいたずらに卑屈になることは、戦後の平和と復興に却って害になるのである》（『回顧録』）

日本が始めた太平洋戦争をどう思っているか気にしていた岸に、訪れた先で「お前の国にはペーパー（紙）とバンブー（竹）しかないのに飛行機や戦車を造ってイギリスやオランダを追い払った。おかげで我々は独立できたのだ」と言われたことにも《歓迎パーティーでの話だから外交辞令もあれば一杯きげんもあっただろうが、全部が全部お世辞だとも言い切れないような口ぶりだった》（同書）との印象を抱いた。

一九五七年と言えば戦後もまだ十二年しか経っておらず、戦争の傷跡や記憶も今日とは比較にならないほど生々しく、日本へのわだかまりも残っていたはずである。しかし東南アジアの大半の人々にとっては、植民地支配こそ彼らを苦しめた元凶であり、いつ果てるともない重圧の歴史だった。彼らにしてみれば、日本は押しかけてきて戦争を始め、占領もしたが、植民地主義者たちを追い払ってくれたのである。

しかし、岸が目にした東南アジアの現実は貧しく、発展などまだまだであったのも事実だった。岸はその現実にも強い印象を受けた。それが、日米を主要ドナーとして東南アジアの貧困解決のために資金と技術を協同で担うという、先に言及した東南アジア開発基金構想につながる。

日米で行うということが示唆するように、それは単なる貧困救済ではなく、冷戦体制の下での東南アジアにおける自由主義陣営の強化、言い換えればソ連や中国の影響力を排除するとの考え方が強く投影されていた。岸は共産中国と東南アジアとの関係にも早くから注目していた。中国が国内建設に一段落すれば早晩、東南アジアに手を伸ばしてくるであろうと、まさしく見通していたのである。実際、中国共産党は一九四九年にはチベット、ウイグルを併合し、先に書いたように五〇年には朝鮮戦争に参戦、アメリカとの対立を決定的なものにした。さらに岸の東南アジア歴訪後の一九五八（昭和三十三）年にはまたも台湾の金門・馬祖を砲撃し、一九六二（昭和三十七）年にはインドとの国境紛争を起こしている。

また、中華人民共和国の成立そのものが、マラヤ共産党をはじめとする東南アジア各国内の共産党を勇気づけたし、中国共産党も彼らを支援した。毛沢東の「農村が都市を包囲する」「政権は銃口から生まれる」武装闘争路線は東南アジアにも輸出され、各国政府を悩ませた。

中国の東南アジアへの浸透は岸退陣後、ますます明確になっていく。ビルマでは一九六〇（昭和三十五）年に総選挙で返り咲いたウー・ヌー政権と友好不可侵条約等を結び、取り込みを図った

（ただし一九六二年にネ・ウィンによるクーデターで軍事政権が誕生）。またインドネシアでは、スカルノ体制下で肥大化したインドネシア共産党により企てられたとされる一九六五年の9・30クーデター事件も、中国の関与が濃厚である（拙著『インドネシア9・30クーデターの謎を解く』）。さらに各国の華人を通じて侵透を図るということもあった。東南アジア諸国がこのような中国を警戒したのはもちろんである。

したがって岸は歴訪で開発基金構想に対して各国がどのように考えているのか、反応を確かめたい意向も持っていた。

結論を言えば、東南アジアの現実はより複雑であり、岸の期待に応えるものではなかった。各国はたしかに貧しかったが、いずれもようやく念願の独立を果たしたところであり、大国、それも一方の陣営に与《くみ》することには乗り気でなかったし、政治的ひも付きになるのではないかと警戒もした。岸が魅了されたインドもそうした国の一つだった。

また日本の経済力も、高度経済成長が始まっていたとはいえ、まだ十分ではなかった。さらにアメリカも本格的援助をすることでまとまっていたわけではなかった。アジア版マーシャル・プランとも言うべき構想は、結局日の目を見ることなく終わった。

しかし振り返れば、岸の構想がまったく無意味だったとは言えない。むしろ機がまだ熟していなかったというほうが当たっている。その後約十年の歳月と紆余曲折を経て、一九六六年四月、岸の弟である佐藤栄作政権は第一回東南アジア開発閣僚会議を東京で開いた。

それは日本と東南アジア各国が経済開発をめぐり共通する諸問題を閣僚レベルで話し合う、開発と協力のフォーラムであるとともに、日本が戦後、初めて主催した国際会議でもあった。東南アジア自身のイニシアチブによる東南アジア諸国連合（ASEAN）が発足する一年前のことである。

ちなみに佐藤も岸と同様に、首相として訪米の前に東南アジア訪問を二回行っている。同じ六六年のアジア開発銀行（ADB）の設立にも日本は主導的役割を果たしており、この頃、日本は東南アジアの経済開発に一段と積極的となっていた。

日本と東南アジアの関係は賠償から始まった。それは当時の日本の財力からは決して小さな負担ではなかったが、同時に日本経済復活の呼び水ともなり、日本にとってもプラスだった。東南アジアは日本にとって有力な輸出市場であると同時に、戦前から戦中にかけて天然資源を依存したように、資源に恵まれない日本にとって重要な資源の供給地域であることに変わりはなかった。さらに、経済発展の結果、日本は賠償だけでなく東南アジア諸国に経済支援をする余裕も生まれた。東南アジアは政府開発援助（ODA）の有力な供与地域となり、今日までのODA最大供与国はインドネシアである。

ベトナム戦争の火の粉を払い、また共産主義の南下を防ぐためにも東南アジアの経済発展は必要とされた。ベトナム戦争を戦い、自由主義世界の防衛に精力を傾けていたアメリカにとっても、このような日本の立場はアメリカの役割を補完する意味合いもあったから、理解を示し、支持した。つまり日本と東南アジアの関係は、ウィンウィンの外交関係となる素地があったのである。

これに対して近隣アジアと言えば、一九六六（昭和四十一）年、中国では文化大革命が始まり内政は混乱、韓国とは前年一九六五（昭和四十）年にようやく国交正常化にこぎつけたところだった。

日韓交渉は何度も中断に見舞われ、ともに国内に反対勢力を抱え、正常化後の前途も紆余曲折が予期された。それに比べれば、対東南アジア外交は遥かに容易であり、繰り返すが、将来性も感じられたのである。

開発閣僚会議の顔ぶれは日本、マレーシア、フィリピン、シンガポール、タイ、ベトナム、ラオス、それにオブザーバー資格でインドネシアとカンボジアの九カ国。マニラ、シンガポール、バンコクと毎年会議を開き、経済開発の促進や友好増進を目指した。第八回からはビルマ、ニュージーランド、オーストラリアも参加した。ただし会議は七四年の第九回（マニラ）が最後となった。理由は幾つかある。日本の側に多額の出費を伴う国際会議を続ける積極的意志が薄れたこと、ベトナム戦争が終わったこと、さらにASEANが軌道に乗り、東南アジア自身が主体的に動く気運が強まっていったことも大きい。

ところで一九七四（昭和四十九）年は、東南アジア五カ国を歴訪した田中角栄首相に対して、タイ、シンガポール、インドネシアで反日暴動も起きている（後述）。当時、田中がタイのデモの代表の学生たちと話し合いをした報道は私の記憶にも残っている。応じた田中も偉いと思ったが、どちらかと言えば、年代的に近い学生たちの方に関心を持った。東南アジアも自らの主張を持ち、日本に黙って従うだけの存在ではなくなりつつあるのだと感じた。

一方、やはり一九七四年、中国では毛沢東が江青《こうせい》ら「四人組」を批判し、文革が終息へ向かい始めた。これにより対外的余裕ができてきたことや、東南アジア諸国内の反中国暴動などへの対策もあったのだろう。七〇年代初めから中国はASEAN諸国との対話を始め、それは国交正常化の動きへと進展して行った。ASEANの側にも関係改善への期待はあった。こうして七四年五月にASEANのトップを切ってマレーシアと、翌年六月にはフィリピンと、七月にはタイと国交正常化にこぎつけた。

この背景として、アジアからの後退を意味する「ニクソン・ドクトリン」(一九六九年)の進展や中ソ対立の先鋭化など、当時の国際情勢も無視できない。しかし中国が単に東南アジア諸国と友好を深めようとしたのでなかったことは、同じ一九七四年に、南シナ海の西沙諸島の領有権をめぐって南ベトナムと交戦したこと一つをとっても明らかだろう。国益のためにはアメとムチを使い分ける中国の手法は一貫している。

## インドネシア賠償の決着を急ぐ

時代が少し先に行き過ぎたので、岸の時代に戻る。東南アジア外交を重視するとともに、岸政権下では日本外交の年次報告となる初の『外交青書』が発行された。そのなかで提唱されたのは、①国連中心主義、②自由主義諸国との協調、③アジアの一員としての立場の堅持という日本外交の三本柱だった。

第一の「国連中心主義」は、岸政権が発足する前年の一九五六(昭和三十一)年十二月に国連加盟を果たしていたことが大きい。ただし国連中心主義の内容は最初から、分かったようで分からず、言葉としては曖昧だと言われた。元国連大使の鶴岡千仭《せんじん》が次のようなエピソードを語っている。

《池田(勇人《はやと》)総理に「一体、国連中心とおっしゃるけれども、総理はどういうふうにお考えですか」と言いましたら、「君、それは簡単じゃないか」「どういうふうに簡単ですか」「ニューヨークの代表部を外務省本省と同じぐらいの大きさにしたらどうだ」と言うのです（笑）》（国連広報センター編『回想・日本と国連の三十年』講談社）

これに対して「自由主義諸国との協調」は明解で、これ以上説明の必要はないだろう。東南アジア歴訪で岸が試みたことが、まさにそれだった。また「アジアの一員としての立場の堅持」は、外相の重光が国連加盟演説で「東西の架け橋」としての日本の役割を強調したこととも関係している。日本は加盟までの道のりこそ、米ソ対立の影響を受けて平坦ではなかったが、加盟の翌年つまり『外交青書』発刊の年に合わせて早くも安全保障理事会の非常任理事国に立候補し、当選を果たしている。岸の東南アジア外交はこのような日本の立場を強化するものとして位置づけられた。

しかし日本が名実ともに「アジアの一員」となるには、乗り越えなければならないハードルがもう一つあった。それは戦後処理、すなわち賠償問題である。岸自身、《東南アジアの諸国に対する賠償問題の解決は、日本の戦後処理のなかでも急を要するものであった》と『回顧録』で書いている。

そして朝鮮戦争休戦協定の調印からまだ三年の韓国や、共産党政権樹立からさほど時間が経っていない中国を考えれば、戦後処理としての賠償交渉は近隣アジアより東南アジアの方が取り組みやすかった。岸が歴訪する国のなかでは、カンボジアとラオスが賠償を放棄し、ビルマやフィリピンは訪問前に交渉が妥結していた。したがって岸の東南アジア歴訪当時、賠償問題における最大の懸案は第二次歴訪先の一つ、インドネシアとなっていた。

岸にとってインドネシア賠償はとりわけ重要だった。東南アジア外交のなかでもインドネシアこそ基軸であると考えていたからである。そのインドネシアに中国が手を伸ばしているのではないかというのも岸の認識だった。だから中国に手を出させぬようにインドネシアとの懸案を早く解決する必要があった。

賠償交渉は歴訪より何年も前から行われていたものの、主として金額面での双方の隔たりが大きく、難航していた。そこで岸は現地訪問に先立つ一九五七年七月、あらためて東南アジア担当の移動大使（特命全権大使）に日本開発銀行の前総裁である小林中《あたる》を任命すると、交渉を任せることにした。

一方、インドネシア側でもモハマッド・ハッタ副大統領が十月、中国訪問の帰途日本に立ち寄り、交渉に臨んだ。とはいえこの頃、ハッタとスカルノ大統領の関係はすでに独立運動を共に戦った時代のような一枚岩ではなくなっており、ハッタが果たして全権をスカルノから与えられていたかどうかは疑問である。

にもかかわらず賠償交渉の気運は双方で盛り上がり、最終決着は岸・スカルノのトップ会談に持ち込まれたのだった。この時、岸は交渉の妥結を図ることが第二次歴訪の主要な課題であるとすることを、内閣と自民党双方から用意周到に取りつけていた。

こうして十一月二十六日、岸はジャカルタに到着し、最終的な詰めを経て岸・スカルノ会談が二十七日に行われた。岸の訪問に照準を合わせたような賠償交渉の妥結だった。

賠償は十二月の臨時閣議で正式決定となり、純賠償額は二億二千三百万ドル（八百三億八百八十万円）で、日本はこの金額に見合う生産物及び役務を十二年間供与するという内容だった。

数ある戦後賠償のなかでもこのインドネシア賠償は、双方で政商が暗躍し、利権や買収、汚職など負の側面やスキャンダルなどが取り沙汰されてきた。

インドネシア賠償をめぐるこうした負の部分から岸も無縁ではない。その上で私は日本が、あるいは岸が、スカルノ体制下での決着を目指したのは、不可避の選択ではなかったかと思う。それは当時のインドネシアの状況を考えれば自ずと納得される。

一九五五年九月、インドネシアは独立後初めて総選挙を行ったが、結果はどの政党も過半数を制することができず、インドネシア共産党（ＰＫＩ）の躍進と小党乱立という不安定な状況が生まれた。状況を打開するため、スカルノは挙国一致のナサコム（ナショナリズムと宗教、共産主義の一体化）体制を構想するが、現実はスカルノの思うようには運ばなかった。イスラム勢力や国軍はＰＫＩの伸張に警戒を強め、政治の主導権をめぐってジャワ島とそれ以外のいわゆる外島との対立も深まって行った。

このようにスカルノ体制が内に孕《はら》む問題を大きくするなかで、賠償交渉は進められた。そして賠償協定と経済協力協定が調印された直後の一九五八年二月、スマトラ島で一部軍人を含む反政府勢力の反乱が起き、インドネシア共和国革命政府（ＰＲＲＩ）が樹立宣言をする。

この時、親共産党に次第に傾いていくスカルノに懸念を深めていたアメリカは、イギリスとともに反政府勢力に肩入れし、スカルノ体制を外から揺さぶった。

一方、日本はアメリカに追随せず、大使館などからの情報を基にスカルノ体制支持を打ち出した。

日本は反乱軍の実態がかなり杜撰《ずさん》なもので、インドネシアの統一と安定はスカルノに委ねるしかないと見極めていた。インドネシアの混乱は共産党の思う壺だからである。実際、反乱軍に関するアメリカ中央情報局（ＣＩＡ）の情報は精度が低く、アメリカも後に反スカルノから方針転換し反乱軍を切る。ただ、このことは後々までスカルノの対米不信の源になった。

岸外交の柱が「自由主義諸国との協調」、とりわけアメリカと歩調を合わせることであったのは確かだが、このように岸は東南アジア外交における基軸と考えるインドネシア外交では自主外交を展開した。それは大アジア主義や反共産主義という岸の思想的バックボーンに加えて、前章で言及した太平洋戦争下、今村均中将が司令官として率いたジャワ派遣軍第十六軍時代からの、スカルノと日本との外交的資産の賜物と言っても間違いではないだろう。

岸の東南アジア外交について『現代日本の東南アジア政策１９５０―２００５』（波多野澄雄、佐藤晋著、早稲田大学出版部）は次のように指摘している。

《賠償や援助をめぐる岸内閣のインドネシア外交は、外務省の独自の情勢分析や、アジア・ナショナリズムへの同情的理解を基礎に、アジア諸国にはナショナリズムの穏健化を働きかけ、西側諸国にはナショナリズムとの妥協を働きかけるという戦後アジア外交の本領が発揮されたものであった》

岸政権の対インドネシア政策への揺るぎない姿勢は、インドネシア側の日本への信頼も高めた。インドネシア政府は反乱軍を外国が支援しないよう、日本に働きかけを求め、日本は外国勢力の介入を批判し、インドネシア政府自身による内乱制圧を期待する内容の岸の書簡を公表した。外国勢力批判とは言うまでもなくアメリカ批判である。岸らしい迷いのない判断だったと言える。軍事介入は回避され、反乱軍を制圧したのは、岸が期待したとおりインドネシア陸軍だった。結果的にアメリカも陸軍を見直すことになるのである。

しかしこのような岸の賠償への姿勢は世論や、自民党でも旧自由党系からは歓迎されなかった。当時のインドネシアの不安定な政情を考えれば、賠償交渉は早期決着を図るしかなかったのではないかと後世の人間は考えるだろうが、実際はそうではなかったのだ。大きすぎる賠償金額への負担やなぜ急ぐのかなどの批判が上がった。岸はこのような批判は一切意に介さず、自らの一存でスカルノとの政治決着を図った。六〇年安保でも示された、自らが正しいと信じる政策ならば反対を意に介さず、強行突破も辞さない政治家・岸の強固な意志がここにも感じられる。

## 日米協調が必須と知るリアリスト

インドネシア賠償は岸をおいては、やはりできなかっただろう。このような形で岸は戦後の日本と東南アジア関係の第一歩をしるした。歴訪諸国の大半は独立国としてようやく歩み出したばかりであったし、日本の経済的プレゼンスもまだ小さかったから、後の田中角栄のようにデモの見舞いを受けることもなかった。

一九六〇年六月、安保改定を成し遂げた岸は首相を退陣し、その後は政府特使として、また前首相として、数多くの外国訪問を重ねた。とくにアジアは先に書いたフィリピンだけでなく、韓国、台湾とのパイプの太さはつとに有名である。

しかしここでもう一つ、岸が長年、日米協会会長を務めたことを本章の最後に指摘しておきたい。日米協会は第一次世界大戦の最中の一九一七（大正六）年に誕生した。日露戦争の講和条約締結で交渉を有利に導いたことで知られ、米友協会の会長だった金子堅太郎が横滑りして初代会長になり、組織的にも同協会を引き継ぐ形でスタートした。太平洋戦争下の苦境のなかも生き延び、一九四八年六月、戦後第一回の総会を開き活動を再開した。

日米協会は日米両社会のなかで次第に重要性を高め、日米の要人たちが協会の午餐会や晩餐会でしばしばスピーチを行うようになっていった。これには吉田茂の親米路線が果たした役割が大きかった。吉田は一九六〇年には自ら進んで第五代会長となり、岸は吉田の後を受けて六八年に第六代会長になった。その後一九八四年に福田赳夫にバトンタッチされるまで在任は十六年の長期にわたった。吉田以後、会長イコール首相経験者の流れができて就任したわけだが、吉田の親米路線とは明らかに異なる自立的対米観の持ち主である岸がこのようにロングランで会長を務めたことは興味深い。

日米協会の歴史を軸に日米関係を論じた『もう一つの日米交流史』（日米協会編、中央公論新社）のグラビア頁には、岸がそこここに写っている。フォード大統領歓迎レセプションで当時のマンスフィールド駐日大使と並ぶ岸、ハワイ出身の小錦、高見山両関取を横に満面笑みの岸、そして米寿の祝いにハッピ姿の岸など……。フルブライト計画（日米教育交流）三十周年の祝典も岸の会長時代である。

計画の生みの親で長く上院議員を務めたフルブライトも、マンスフィールドも日米双方で尊敬を集めたリベラル派だった。ここでも保守派の岸とは肌合いを異にする。しかしそのことが齟齬《そご》や違和感を与えないのは、結局のところ、アジアの安定と平和には日米協調が必須であり、それが双方の利益でもあるという認識に揺らぎがなかったからであろう。それが岸のアジア戦略観でもあった。岸はナショナリストにして、どこまでもプラグマティストであり、リアリストだった。

# 6章　東南アジア外交、五つのエポック——岸後から安倍登場まで

一九六〇（昭和三十五）年七月、岸信介の退陣を受けて第五十八代首相に池田勇人が就いた。それから二〇〇六（平成十八）年九月、第九十代首相として岸の孫の安倍晋三が登場するまで、半世紀足らずの間に誕生した首相は十九人。その任期は岸の弟である佐藤栄作の七年八カ月、小泉純一郎の五年六カ月、中曽根康弘の五年以外は長くても二年、一年前後の首相も少なくなかった。

ここで、ポスト岸から安倍登場前までの東南アジア外交から、日本外交の転換点や節目ともなった五つの事件と出来事を年代順に取り上げ、概要を記しておきたい。

## マレーシア紛争仲介外交

第一は池田と佐藤両政権によるマレーシアとインドネシアの紛争調停工作である。この紛争は、3章で紹介したように、マラヤ連邦のアブドラ・ラーマン首相によるマレーシア連邦構想に、インドネシアのスカルノ大統領がこれをイギリス植民地主義の息がかかったものとして対決をエスカレートさせ、両国間に一触即発の危機を生じさせたものだ。それは連邦構想を提示した一九六一（昭

和三十六）年から紛争が終焉する六六年まで約五年間にわたった。
日本はなぜ調停工作に意欲を示したのか。その理由を端的に語ったものとして、当時駐マレーシア大使として交渉に携わった甲斐文比古《かいふみひこ》の言葉を引用したい。

《インドネシアとマレーシアの和解——それは決して私個人の夢ではなかった。アジアの平和、アジアの紛争解決が当時の日本政府、日本外交の重大課題だったのである。その頃、わが日本は「経済の高度成長」を池田内閣のもとでスタートさせ、「大国」に向けてのテイク・オフを図っていた。そんな日本にとって、外交でも何か目に見える成果が欲しいと考えたのは当然のことである。そしてその具体的目標の一つが、インドネシアとマレーシアの紛争解決、日本の仲裁による解決であった》（甲斐文比古著『国境を越えた友情』東京新聞出版局）

戦後復興を遂げ、経済力をつけてきた日本が大国に並ばないまでも、そろそろ大国に必要な外交力を示したいと考え始めたことが窺える。

池田は一九六三（昭和三十八）年九月二十三日に始まる東南アジア・オセアニア四カ国（インドネシア、フィリピン、オーストラリア、ニュージーランド）訪問時から、この紛争調停にとくに積極的になっていった。同年一月、インドネシアのスバンドリオ外相が、マレーシア連邦が発足すれば武力衝突も辞さないという対決政策《コンフロンタシ》を発表し、緊張が高まっていたのに加えて、歴訪一週間前の九月十六日には実際にマレーシア連邦が発足してしまったからである。

インドネシアは連邦を不承認、またマフィリンド（マレーシア、フィリピン、インドネシア三カ国による連邦）構想を提案していたフィリピンも承認を留保し、両国とマレーシアは国交を断絶した。

つまり池田の歴訪はタイミングが極めて良く、もともと紛争調停に関心のあった池田は好機到来と考えたのである。またアメリカやイギリスもスカルノとパイプが太い日本に仲介の役割を期待した。というのも《中立主義やアジアの民族主義の旗手を自認する一方で、国内の権力構造もあいまってときに対外的に不安定な行動に出るインドネシアは、重要であるにもかかわらずアメリカやイギリスなど自由主義諸国にとっては甚だ扱いにくい相手であった》（宮城大蔵著『戦後アジア秩序の模索と日本』創文社）のだ。

さらに当事者スカルノから見ても、日本の仲介を拒む理由はなかった。確かに日本は西側自由主義陣営の一員であり、非同盟主義も第三世界も標榜していないが、同じアジアの国、しかもこれまで再三述べてきたように戦前の独立運動以来の関係もあり、欧米とは異なる国として位置づけられていた。ただしスカルノは、日本がマレーシア連邦の誕生を東南アジアへの共産主義の浸透を食い止め、地域の安定化にプラスだと考えているのを知っており、日本はラーマン寄りではないかとの疑いを持っていた。

実際には、日本の立場はスカルノ寄りだった。賠償交渉の際の岸政権と同様、インドネシアの安定にスカルノは不可欠な存在というのが日本の一貫した立場だった。幸いこの時、アメリカのケネディ政権も紛争の打開に前向きだった。アイゼンハワー前政権と比べてインドネシア外交にも柔軟に対処し、ケネディとスカルノとの個人的な関係も好ましいものだった。しかし周知のように十一月二十三日、ケネディはテキサス州ダラスで暗殺され、アメリカの仲介は道半ばに終わった。

池田はインドネシアとフィリピン訪問でスカルノとマカパガルの両大統領に平和的解決を求め、とくにスカルノには国内の反英デモに懸念を表明した。またマフィリンド構想を後押しするため、一九六四年六月には東京でスカルノ、ラーマン、マカパガルによる三カ国首脳会談を開くなど意欲を燃やした。しかし同年十月、池田は東京オリンピックの開会式に出席した後、喉の違和感を訴え辞任した。「前癌症状」と発表されたが、喉頭癌だった。

調停工作は次の佐藤政権に引き継がれ、佐藤は一九六五（昭和四十）年四月、バンドン会議十周年を記念する式典がジャカルタで開かれるのを機に、自民党副総裁の川島正次郎を首相代理特使として派遣し、仲裁工作を託した。この結果、スカルノとラーマン、マカパガルの首脳会談を東京で行うことが再浮上したものの、直前にスカルノが訪日をキャンセルし、会談は実現を見なかった。

結局、一九六五年十月一日未明、ジャカルタで陸軍左派将校らによるクーデター未遂事件（9・30事件）が発生し、事件を鎮圧した陸軍戦略予備軍司令官のスハルトがスカルノに代わり権力を掌握したため、マレーシア関係は改善に向かい、紛争は事実上終息した。

日本の調停外交は実を結ぶには至らなかったわけだが、日本が戦後初めて試みた調停外交でもあった。調停は東南アジア外交の一貫した明確なビジョンの下、体系的に進められたようには見えない。むしろ二人の首相が個人的関心の範疇で行ったように思える。

しかし、スカルノに手を焼き、またベトナム戦争に精力の大半を取られていたアメリカと、ラーマンを通して東南アジアに影響力を残そうと図ったイギリスという、当時の東南アジアの新旧二大勢力を意識しつつ、日本が独自の外交力を試みようとした事実はもう少し評価されてもよい。

## インドネシア支援国会合

第二は佐藤政権によるインドネシア支援債権国会合（ＩＧＧＩ）結成へのイニシアチブである。スカルノからスハルトに代わったインドネシアでは中ソ陣営が退潮し、経済再建は日本、欧米などの大きな課題となった。そのためには支払い不能に陥っているインドネシア債権の処理も各国の懸案であった。

こうした中、日本は自らの国内法上の必要もあって債権国間の協議を呼びかけ、各国の意向を打診し、意見の集約に努めた。アメリカとはとくに緊密に意見交換し、ベトナム戦争や国内事情などから前面に立てないこともあって、アメリカは日本を後押しする形となった。

一九六六（昭和四十一）年九月、最初の会合が東京で開催された。十二月にはパリで第二回目が、そして六七年はオランダで開かれ、この時から会合の正式名称はＩＧＧＩとなった。以後、ＩＧＧＩは毎年一、二回開催され、インドネシアへの経済援助を支援国がインドネシア政府と協議する場として、不可欠なものとなった。

日本は会議の構想だけでなく、援助額においてもアメリカと比肩し、毎年の援助総額のほぼ三分の一を拠出した。日本の政府開発援助（ＯＤＡ）は対インドネシアが総額で一位だが、これもまたこのような経緯が背景にあってのことだと言える。

ＩＧＧＩを主宰した一九六六年には、東南アジア開発閣僚会議が東京で初めて開催された。このことは単に二つの会議が時と場所を同じくした以上の意味を有している。日本がアメリカとも中国やソ連などとも異なり、経済発展と開発を軸に東南アジア諸国の発展と地域の安定を図るという、その後の日本の対外的アプローチの基本が共通して示されているからである。

そこには、インドネシアが過剰な民族主義と親中派のスカルノから開発路線のスハルトに代わったことに象徴されるように、東南アジアにもアプローチに呼応する条件が生まれつつあったこともある。

９・30事件の発生時にジャカルタの駐インドネシア日本大使館に勤務し、ＩＧＧＩの構想作りに携わった元外交官は、かつて筆者のインタビューにこのように語っていた。

「振り返って自分の外交官人生であれほど意気に感じ、またやりがいが感じられた時はなかった。ＩＧＧＩの意義や日本の貢献が、外国はもとより日本自身も実体ほどに評価されていないのは残念な気もする」

この間、一九六七（昭和四十二）年三月に大統領代理として事実上全権を握ったスハルトが、初めて会談を行った外国の首相は佐藤だった。

## ジャカルタ反日暴動の真相

東南アジア外交の特筆すべき第三の事件は、一九七四（昭和四十九）年一月、田中角栄首相が東南アジア五カ国歴訪（フィリピン、タイ、シンガポール、マレーシア、インドネシア）中に見舞われた、タイとジャカルタにおける反日暴動である。

前述のようにに日本はインドネシアにおいて最大の援助国となり、経済面でも日本企業の進出が加速した。日本経済は好調な右肩上がりの成長を続けており、対外投資の自由化も相俟って、日系企業進出の波は他の東南アジア諸国にも広がっていった。現地では日本製品があふれるほどの活況を呈した。

反日暴動はこうした日本のオーバープレゼンス状況を背景にして起きた。火の手はまずフィリピンの首都マニラで上がり、次の訪問地タイに飛び火して、首都バンコクでは二千人以上の学生が「ジャップ・ゴーホーム（日本人は日本へ帰れ）」など反日スローガンを叫びデモ行進した。シンガポール、マレーシアは平穏だったが、最後の訪問地インドネシアの首都ジャカルタでは暴動となって爆発した。

この歴訪は在京外国特派員が首相に同行するプレス・ツアーに参加した最初の首相外遊でもあった。

その一人、米紙『ニューヨーク・タイムズ』の東京支局長だったリチャード・ハロランは、この時のことについて、「アメリカやフィリピン、韓国、東京で数々のデモを取材してきたデモ取材のベテランの自分が初めて驚き、恐ろしいと思ったのがジャカルタだった」と筆者との共著『アジア目撃』（連合出版）で語っている。

ハロランはインドネシア人がなぜ反日暴動を行うのか、元駐米大使で面識のあったスジャトモコはじめ関係者に聞いて回った。皆が日本は経済援助や貿易、投資など沢山の良いことをインドネシアに対して行っていると口を揃えた。その一方で、日本のビジネスマンたちはインドネシア人との付き合い方が分からず、友好的でない、よそよそしいとも批判した。
しかしハロランは焼き討ち現場などを取材して、次のような結論に至る。

《私は暴動の標的は日本人ではなく中国人だったと思う。日本企業の事務所はダウンタウンにあったが、中国人の商店は焼き討ちされたショッピング・モールの中にあった。焼き討ちされた大半は中国人商店だった。……地元のジャーナリストに聞いたエピソードだが、日本語のネオンサインに投石している若者になぜ田中訪問に反対しているのかと聞くと、若者は「田中ってだれだ」と答えたという》(『アジア目撃』)

ハロランは「インドネシア人は中国人を本当に憎んでいるんです。彼ら(中国系)は一所懸命働き、金を貯め、小さな店を持ったりしますから」といったエピソードも耳にした。9・30事件でも真っ先に標的になったのは、共産党系とともに中国系の商店であり人々だった。

ハロランが見立てたように、実際のところジャカルタ暴動は単なる反日暴動ではなかった。今日、明らかになっているのは、ともにスハルト体制を支える、国軍副司令官のスミトロら国軍司令部グループと、スジョノ・フマルダニ、アリ・ムルトポ両大統領補佐官グループの権力内抗争が反日暴動の形をとって暴発したものだったということである。

陸軍大将のスミトロは国軍内に隠然たる力を有し、大衆の人気もあり、次期大統領への野心を持っているとの観測もあった。一方、ムルトポは情報機関の特別工作班を率いて、スハルト政権の東ティモール併合などに関係し、裏舞台の仕事に関わった。つまり、暴動は両グループによるスハルトへの忠誠争いに端を発していたのである。

スハルトも後に、「いまだから言えるが」と前置きして「私の履歴書」（日本経済新聞、一九九八年一月一日〜三十一日まで三十回連載）で《この暴動には私の政権内部の権力闘争がからんでいた》として両者を《けんか両成敗にした》ことを明らかにしている。両成敗とは、補佐官制度の廃止とスミトロ更迭である。結果的にスハルトは自分を脅かすかもしれないスミトロを葬ることにも成功した。

華人で、この暴動で家族ともども避難し、その後インドネシア国際戦略研究所（ＣＳＩＳ）所長を務めたユスフ・ワナンディは回想録『*Shades of Grey*』で、《それ（暴動）はワヤン（インドネシアの伝統的人形劇）のようだった》と述懐している。

ワヤンで観客たちが目にするのは影絵の人形たちだけであり、人形を操るプレイヤーたちの姿は見えない。つまり観客には影絵（反日暴動）の向こうで進行する真の主役たちのドラマ（ここでは軍と補佐官グループの暗闘）は分からなかったということだ。

《暴動は国際社会におけるスハルトの面子《メンツ》を潰しただけでなく、より重大なことは、暴動が国軍のリーダーシップと大統領との間の亀裂を白日の下に晒《さら》したことだった》とワナンディは分析している。

それにしてもなぜ日本だったのか。両者の対立が沸点に達しようとした時に、たまたま田中一行が飛び込んで来たからなのか。それとも日本ファクターはやはりあるのか。

一行が帰国する前夜、首相スタッフと同行記者たちは夕食を共にし、ハロランと隣り合わせた外交官（後に国会議員となる）は「なぜなのだ。私には分からない」と首を傾げるばかりだった。

ハロランは彼に、次のような言葉をかけた。

「ウエルカム・トゥ・メジャー・リーグ（ようこそ大リーグへ）」

《われわれアメリカ人は外国で、もう長いことこういうこと（反米デモ）に直面している。日本もいまや大リーグでプレーするようになったということではないか》（『アジア目撃』）

ハロランは帰国する田中一行について「日が昇る前に町を出て行くようシェリフ（保安官）に言われたカウボーイのように、一行は抜け出さねばならなかった」と報じた。

大リーグとは言い得て妙だ。しかし当の日本は標的になったことのショックが大きく、そのように考える余裕などなかった。日本にすれば、東南アジアにも良かれと思い、やってきた経済活動が、装いこそ経済でも戦前の軍事的侵略と同じだと指弾され、反日暴動という冷水を浴びせかけられたのだと思った。

大リーグで勝負をするには、日本はまだひ弱だったということかもしれない。暴動は日本の大リーグ入りの分岐点だったということだろうか。

## 「福田ドクトリン」、ODA

第四は、このような手荒な洗礼を受けたことを一つの契機として、一九七七（昭和五十二）年八月十八日、福田赳夫首相が東南アジア諸国歴訪の最終訪問国フィリピンの首都マニラで発表した東南アジアに関する政策演説である。

演説はその後、「福田ドクトリン」と呼ばれ、日本人が考える以上に東南アジア諸国の人々の心を捉え、根を下ろしていった。

演説は三つの要素で構成され、福田は縷々《るる》説明した上で、要点を次のとおりとした。

第一に、わが国は、平和に徹し、軍事大国にならないことを決意しており、そのような立場から、東南アジアひいては世界の平和と繁栄に貢献する。

第二に、わが国は、東南アジアの国々との間に、政治、経済のみならず社会、文化等、広範な分野において、真の友人として心と心のふれ合う相互信頼関係を築きあげる。

第三に、わが国は、「対等な協力者」の立場に立って、ASEAN及びその加盟国の連帯と強靱性強化の自主的努力に対し、志を同じくする他の域外諸国とともに積極的に協力し、また、インドシナ諸国との間には相互理解に基づく関係の醸成をはかり、もって東南アジア全域にわたる平和と繁栄の構築に寄与する。

そして福田は最後に「私は、今後以上の三項目を、東南アジアに対するわが国の政策の柱に据え、これを力強く実行してゆく所存であります」と結んだ。

この三原則のなかで、福田が個人的にもっとも気に入っていたのは、第二の心と心のふれ合いであったとされる。インドネシアの元日本留学生が中心になって作られたダルマ・プルサダ大学に福田が揮毫《きごう》した色紙も、英文で「Heart to Heart」と書かれている。実際、東南アジアの人々にこの「心と心」は、文字どおり心に非常に響く言葉として定着していった。マニラとシンガポールで特派員活動をした私が、現地の人々から肯定的な文脈でもっともよく聞かされた日本の政治家の言葉も、福田ドクトリンであり、なかでも「心と心の触れ合い」だった。外交用語としていささか情緒的ではないかとの指摘も国内にはあったと言われるが、外交用語らしくないからこそ、人々の心に響いたとも言える。

しかし当時、外務省アジア局参事官として、福田の歴訪やスピーチの起草に関わった元インドネシア大使の枝村純郎によれば、スピーチの初稿を官邸に届けると、間もなく反応があり、それは「軍事大国とはならないとの決意を、スピーチに盛り込むように」との福田からの指示だったという。福田は外相時代に「軍事大国への道を選ばない」と外交演説を行っており、この項目への思い入れも強かったことになる。

枝村はこれに関連して「歴訪はなぜ成功したか」と題した論稿で、福田ドクトリンが高い評価を今なお受けているのは、時の試練に耐える理念が打ち出されていたからだと述べている。そして《……このように、「軍事大国にならない」との決意が、過去の戦争への謝罪や反省としてでなく、あくまで「理念」として、日本の「国柄」として表明されていることが、今日でも「福田ドクトリン」が内外の人々に、抵抗なく受け入れられている一因かもしれません》と書いているのは、示唆に富んでいる。

国のトップのスピーチが格調高く、卑屈さを感じさせないことは大事な要素であると思う。岸の東南アジア歴訪が現地で好感されたのも、岸がお詫び行脚などでなく、前向きに自信をもって語ったことがあるだろう。その意味では、日本の首脳外交がお詫びと反省にいつから終始するようになってしまったのか、あらためて考える必要がある。お詫びと反省だけでは、過去の決算も未来の構築もどちらもできなかったのである。

このように極めて評価の高い福田演説だが、政策に具体的な戦略性を欠き、素朴な善意に終わりかねない弱点も指摘された。

福田は第三の点に関連して、インドシナ諸国の関係改善に意欲を燃やしていたとされる。当時、インドシナ半島では一九七五（昭和五十）年四月にサイゴンが陥落し、北ベトナムと解放戦線が勝利した。カンボジアでも同月、プノンペンが陥落し、ポル・ポト政権（クメール・ルージュ）が成立した。しかしそれはインドシナ半島の平和と安定につながるものではなく、とくにカンボジアでは粛清と飢餓が進行し、数百万人の犠牲者を出したことが、やがて判明する。

一九七八（昭和五十三）年十二月二十五日、ベトナム軍はカンボジアに侵攻、ポル・ポト政権はジャングルに敗走し、ベトナム主導のヘン・サムリン政権が樹立された。福田政権が終わって十八日後のことだった。翌年二月には中国が「懲罰」の名の下にベトナム国境を越えて中越戦争が勃発し、福田の目指す「相互理解に基づく関係の醸成」は絵に描いた餅に終わってしまったのだった。

経済力を蓄えた日本のその後の選択は、基本的に政府開発援助（ＯＤＡ）を積極的に行うことだった。一九八七（昭和六十二）年十一月に第七十四代首相に就任した竹下登は「世界に貢献する日本」を外交方針に掲げた。経済大国日本は金儲けばかりして、国際貢献をしていないではないかとの批判が国際社会に強まっていた。田中の時の反日暴動とは質的に異なる日本批判でもあった。

竹下政権下の一九八八年六月、ＯＤＡは新たな中期目標として八八年から九二年までの五年間に、それまでの五年間の倍増となる五百億ドルの供与額を決めた。その後もＯＤＡ予算は増え続け、日本は八〇年代終わりから九〇年代にかけての十年間、アメリカを抑えてトップ・ドナーとなったのだった。

## カンボジア和平工作

第五のカンボジア和平工作は、このような日本の国際的立場の変化を抜きには行われなかったと言える。発端は一九八九年七月に開かれた「カンボジア和平パリ国際会議（ＰＩＣＣ）」への主催国フランスからの参加要請だった。ＰＩＣＣの委員会で共同議長を務め、後に初代カンボジア大使となる今川幸雄によれば、日本はもちろん会議に参加したいとそれなりに働きかけをしていた。しかしそれまでは政治的・軍事的な問題を扱う国際会議に日本はなかなか入れてもらえなかった（Ｃ・Ｏ・Ｅ・オーラル・政策研究プロジェクト『今川幸雄オーラル・ヒストリー：カンボジア和平と日本外交』政策研究大学院大学）。

なぜか。どこかの国や誰かに嫌われたというより、外交力がないと思われていたのではないかと今川は語っている。

会議は三つの委員会（第一が軍事委、第二が政治委、第三が難民支援と復旧・復興委）で構成され、日本はオーストラリアとともに第三委員会の共同議長になった。議長までやるとは、日本は夢にも思っていなかったと今川は述懐している。

ただ第三委員会というのがミソだ。日本が資金力を期待されたのは間違いないだろう。難民支援も復興も資金なしにはできない。したがって金は重要である。とはいえ、それだけでよいのか。日本は資金以上の役割を果たすべきではないか、との考えが政府内に生まれた。

こうしてまだ外交未承認のヘン・サムリン政権のカンボジアとの水面下の接触が始まった。一九九〇年二月のことで、当時、外務省アジア局南東アジア第一課長だった河野雅治が一般旅券でプノンペンを訪問した。外交旅券を携行しなかったのは、同政権の外交承認を意味するものではないことを示すためだった（田中明彦著『アジアのなかの日本』NTT出版）。

翌九一年十月、カンボジア和平パリ協定が、日本を含む関係十八カ国、紛争当事者、国連関係者らによって調印され、長いカンボジア内戦に終止符が打たれるまでの一年半余りにおよぶ日本による和平外交の具体的な動きは、河野の『和平工作』（岩波書店）に詳しい。日本が果敢に挑んだ和平外交の舞台裏が克明に綴られ、印象的なエピソードも少なくない。

たとえば、ヘン・サムリン政権にアプローチする日本の外交イニシアチブを「時期尚早」と反対するアメリカのカウンターパートに対して、河野が日本政府の「平和への貢献」という方針をあらためて説明した後に述べた文言は、次のようなものである。

《日本は何もチームのクォーターバックとして、攻撃（和平プロセス）の司令塔になりたいなどと考えているのではないのです。しかし、せっかくの試合を観客の一人として観戦して、試合が終わった後にスタジアムの掃除（復興援助）だけさせられるのではかないません》

「代表なければ課税なし」が河野の言いたかったことだった。「カネは出せ。クチは出すな」では、将来日本の外交は国民の支持を得られなくなってしまうのではないかと河野は危惧したのだ。同書の出版は一九九九年。しかし当時の将来である現在となってみれば、社会に広がる「カネもクチも出したくない」と言った内向き志向が危惧されるのである。

私はパリ和平協定の調印式当時、ニューヨークの国連本部でカンボジア問題をカバーしていた。日本政府がこのような和平工作を水面下で行っていたことは知らなかった。しかし日本が国連平和維持活動（ＰＫＯ）に自衛隊を初めて派遣したのがカンボジア暫定統治機構（ＵＮＴＡＣ）であり、日本人初となるＵＮＴＡＣ事務総長特別代表に就任したのが明石康《あかしやすし》事務次長であることなど、決して小さくない貢献をカンボジア和平で果たし得たのは、このような和平プロセスへの積極的な関与外交抜きにはありえなかったであろうことが分かるのである。

《カンボジア和平は「壮大な迷路」ではあったが、入り込めば込むほど、知識、情報は雪だるま式に増えていく。実際にやって見て初めてそれがわかった。その中で、日本が意見を言い、主張を繰り返せば、それだけ関係国も一目置き始め、認知される度合いも強まった》という河野の述懐は、受け身外交に終始していては決して出てこないものだろう。

パリのクレベール国際会議場での和平協定調印式に臨んだ外相は中山太郎。それは日本にとって、一九一九（大正八）年、第一次世界大戦の終了を宣言するベルサイユ条約への署名以来となる、国際的紛争の和平協定への調印という歴史的出来事でもあった。

# 7章　安倍晋三のアジア

## 外交敗戦、〝友愛〟の代償

日本は一九九〇年代に入るとバブルが崩壊し、その後経済は長期低迷の時代に入って行った。「失われた十年」が過ぎ、「失われた二十年」の声も聞かれた。

この過程ではリーマン・ショックという日本以外の要因や、東日本大震災と東京電力福島第一原子力発電所事故という未曾有の災害のあったことも無視できないが、日本が有効な手立てを打てずにデフレーションの長いトンネルに入り込んでしまったことは周知のとおりだ。そして二〇一〇（平成二十二）年、中国の国内総生産（GDP）は日本に代わって世界第二位となり、日本の経済大国二位の座は四十二年間で終わった。二〇一五（平成二十七）年現在、日本は依然として三位ではあるものの、中国のGDPとの差は二倍に開いた。また一人当たりGDPでもアジアではシンガポール、香港がすでに日本を上回っている。日本の三万八千六百四十四ドル（二〇一三年）は経済協力開発機構（OECD）加盟三十四カ国中で十九位だ。

ただしこのような低迷と衰退の中でも国内において暴動やパニックは起きておらず、世界を見回しても日本は最も安全で住みやすい国の一つであることも確かである。それがかえって大胆な改革を遅らせている側面はあるにしても、暴動やパニックは起きないほうがよいし、やはりそれが成熟した賢明な社会というものである。

このような前置きをしたのは、経済の長期低迷と日本の地位の低下、それに反比例するような中国の強大化が、アジア太平洋で進行しつつあるパワー・トランジションの大きな要因となっていることを強調したいからである。その意味で、今日に見るアジア太平洋の安定と平和の揺らぎに日本も責任がある。

とくに最近五年余りの中国の海洋進出は1章で取り上げた南シナ海においてだけでなく、日本近海においても当てはまる。中国は尖閣《せんかく》諸島（沖縄県石垣市）への領土的野心を露骨に表し、漁船、公船を問わず中国船が日常茶飯事のごとく日本の領海に接近・侵犯している。また韓国の李明博《イミョンバク》大統領（当時）が竹島（島根県竹島町）に意気揚々と上陸したのも「躍進する韓国経済と落ち目の日本経済」という韓国側の現状認識と決して無関係ではなかっただろう。

「東シナ海を平和の海にしたい」「（アメリカ抜きの）東アジア共同体を作りたい」と〝友愛〟を呼びかけた民主党首相に対する、これが近隣諸国からの答えだったのである。外交敗戦と言うほかない。

そしてこれら一連の事態は、民主党から自民党への再度の政権交代と、安倍第二次政権の登場を促す要因ともなった。したがって二〇一二（平成二十四）年十二月、第九十六代首相としてカムバックした安倍晋三が、「強い経済を取り戻す」ことと「デフレからの脱却」を最優先課題に掲げたのは、当然の帰結だったかもしれない。

安倍のアジアも祖父と同様に東南アジアから始まった。

安倍が祖父や外務大臣を務めた父晋太郎の外交を意識し、また感化を受けていることは確かなことだろう。後述するように外交演説にもしばしば反映されている。また父の外相時代は秘書官として多くの歴訪に同行し、傍らでつぶさに見ている。

安倍は政権発足直後の二〇一三（平成二十五）年一月十六日から十八日までの東南アジア三カ国（ベトナム、タイ、インドネシア）訪問を皮切りに、二〇一五年一月十六日から二十一日までのエジプト、ヨルダン、イスラエル、パレスチナ四カ国・地域歴訪（日本人人質事件のため日程を一部変更）まで、在任二年で五十四カ国・地域（のべ六十六カ国・地域）を訪れた。

飛行距離にすると五十九万千百四十八キロメートル（外務省推定値）となり、地球を約十四・八周したことになるという。文字どおりスローガンである「地球儀を俯瞰する外交」を地で行った感がある。一年間でASEAN十カ国をすべて訪問したのは歴代首相として初めて、二年間で五十四カ国を訪れたのも歴代最多で、在任五年の小泉純一郎の歴訪数を二年で超えてしまった。

これだけでも安倍は日本の首相像を塗り替えた。国会最優先で、外遊と言えば儀礼的かつお膳立てされたものを筋書き通りこなすというのが、これまでの首相外遊のパターンだったし、そもそも外交を得意とし、また思い入れを持つ首相はむしろ例外的な存在と考えられてきた。

これに対して安倍は外交が得意とか不得意を云々する前に、その歴訪には自らの問題意識が強く投影されており、また「行かなければならない」という一種の使命感や気負いも感じられる。

歴訪のすべてが外交の成果にすぐに結びつくわけではない。しかし成果以前に、日本は首相だけでなく閣僚も含めて政府首脳が外国に行かなさすぎた。私がシンガポール特派員時代に痛感したのもそのことだ。それでいて、いざ来るとなると、賑々《にぎにぎ》しく大名行列のようで、それはめったに来ないことの反動のようにも思えた。首脳らが外国訪問を日頃から行っていれば、訪問の性格ももっとビジネスライクになるはずである。

おまけに日本は首相がすぐ交代する。閣僚の任期も短い。ＡＳＥＡＮ外交を考える時、そもそもこれが不利である。ＡＳＥＡＮ諸国の閣僚たちは概して任期が長く、十年、十五年と同じポストの閣僚も珍しくない。さらにＡＳＥＡＮは会議が非常に多い。年間千回を超すのではないかと言われる。彼らは任期が長い上に頻繁に会って話している。互いに顔馴染みにならないわけがない。会ってただお喋りするだけの場合があるにしても、「話すことで互いに感化し合っている」とＡＳＥＡＮをよく知る外交官は語る。つまり彼らは多国間外交の複雑な方程式に取り組むベテランなのである。

そうしたところへ毎度、新顔のような日本が入ってくる。まず「初めまして」と挨拶から始まり、相手に顔を覚えてもらうのが一仕事である。しかもＡＳＥＡＮの公用語と言ってもよい英語を駆使する閣僚はまだそう多くない。これでは〝顔の見える外交〟は「言うは易く行うは難し」である。

ＡＳＥＡＮだけではない。多国間外交が増えているのがアジア太平洋におけるパワー・トランジションの顕著な姿である。展開が遅れている北東アジアにおいても、日韓や日中という二国間首脳会談が開けない場合でも、日中韓三カ国首脳会談は開催にこぎつける状況が生まれている。

## 「積極的平和主義」はどこから来たのか

こういった歴代首脳の外交姿勢と比べると、安倍からは首脳外交と呼ぶのに値する外交を行おうとする意欲が伝わってくる。外交にスピード感とダイナミズムが感じられるようになったし、外国メディアの注目度の高さは、近年の首相では小泉以来である。必ずしも好評価ばかりではないし、「軍国主義者」とか「歴史修正主義者」と言ったバイアスのかかった報道も散見されるが、かつての「ジャパン・ナッシング」に比べればまだましであると、指導者としては腹をくくるほかない。

旺盛な歴訪の結果として安倍が個人的信頼関係を築いた首脳は少なくない。信頼関係と言えば、中曽根康弘とロナルド・レーガン、小泉純一郎とブッシュ・ジュニアという日米首脳の二つの例が決まって挙げられてきた。言い換えれば、それしかない、それだけ稀なケースだということである。

安倍はオーストラリアのアンソニー・アボット首相やトルコのレジェップ・エルドアン大統領との信頼関係が篤いとされている。政府首脳が形式的な挨拶抜きに、いつでもどんな時でも電話一本で親しく話ができるような首脳を何人も持つことは、日本にとって数字では表せない外交的資産である。

ASEAN十カ国を就任早々、一気に歴訪し、これまでの首相にはない強い印象を残した安倍の第一歩は成功だった。今後はフォローアップが大事になる。

一年足らずで終わった第一次政権時代の外交を別にすれば、安倍にとって外交経験として無視できないのは、中曽根康弘政権下で四期三年八カ月にわたって外相を務めた父安倍晋太郎の下で秘書官となり、三十九回の外遊のうち二十回同行したことだろう。外相となった晋太郎は一九八二年、サラリーマンだった二十八歳の安倍に「明日からオレの秘書官になれ」と命令したという（安倍晋三著『美しい国へ』文春新書）。これは新聞記者だった晋太郎が、義父岸信介が石橋内閣の外相として入閣したのを機に、毎日新聞の記者を辞めて秘書官になったのとよく似ている。

安倍晋太郎は、「もはや受け身の外交では通らない。日本と世界の平和と繁栄の環境作りを積極的に創造していく」と「創造的外交」をスローガンに掲げた。安倍の「積極的平和主義」外交とよく似ている。秘書官として間近で見た父の「創造的外交」の影響や未完に終わった父の仕事を完成させたいという気持ちが恐らくどこかにあるに違いない。

晋太郎は日ソ平和条約の締結や北方領土返還を念頭に、一九九〇（平成二）年にソ連（当時）を訪問の際にはゴルバチョフ書記長（同）から訪日の約束を取り付けた。翌年、ゴルバチョフは大統領として来日し約束を果たすが、すでに重篤な病にあった晋太郎は一カ月後に死去した。

戦後七十年にしてなお未解決の日ソ平和条約締結と北方領土返還は、取り組んだ首相がことごとく跳ね返されてきた外交課題である。プーチン大統領はことのほか手強く、一筋縄ではいかない相手に見える。クリミア半島をロシアの影響下に抑えておくためには武力併合もウクライナ危機も意に介さず、NATO（北大西洋条約機構）の東方拡大を食い止めることを至上命題とする一方で、アジア太平洋にロシアの将来を確保しようという姿勢もはっきりしている。北方領土返還もこの複雑な方程式に織り込まれている。

## キーワードは「海洋」

安倍の東南アジア外交の特色は、政策演説「開かれた、海の恵み――日本外交の新たな五原則」によく表れている。アルジェリアで日本人人質事件が発生しなければ、最初の東南アジア三カ国歴訪の最終訪問地ジャカルタで自ら発表する予定だったものだ。演題は「日本外交の新たな五原則」だが、中身を読めばこれが演説発表の地インドネシアはもとよりＡＳＥＡＮに重点を置いた「ＡＳＥＡＮ外交の新たな五原則」であることが分かる。

演説は《ＡＳＥＡＮとの関係こそはわが国外交にとって最も重要な基軸》であるとして、《日本外交の地平を拡大して行く》ための五原則を次のように掲げている。

第一は、二つの海（太平洋とインド洋を指す）が結び合うこの地（とくには演説の地インドネシア）において、思想、表現、言論の自由という人類が獲得した普遍的価値を広く浸透させ、万全にすること。

第二は、最も大切なコモンズ（公共財）である海を、力によってではなく、法とルールによって支配すること。これらを進めるうえで、アジア太平洋に重心を移しつつある米国を歓迎すること。

第三は、日本外交は自由でオープンな、互いに結び合う経済を求めるものであり、交易と投資、ヒト、モノの流れをよりよくつなぎネットワークの力を獲得していくこと。

第四は、日本とインドネシアの間に文化のつながりが一層の充実をみるように努めること。

第五は未来をになう世代の交流を促すこと。

これらを要約すれば、①普遍的価値の尊重、②海における法とルールの支配、③自由で開かれた経済＝環太平洋経済連携協定（TPP）の推進、④文化的関係の充実、⑤若者の交流の促進――ということになる。

この演説から浮かび上がるASEAN外交のキーワードは「海洋」である。演題からして「開かれた、海の恵み」である。ここで言う海とは太平洋とインド洋を指し、国際公共財である海をクローズアップし、日本の国益が未来永劫、アジアの海を徹底的にオープンかつ自由で平和なものにすることを強調している。

その上で、同じようにアジア太平洋の海洋民主主義国家であるアメリカとの同盟関係を重視することと、インドネシアをはじめとする海洋アジア諸国との連携強化を謳っている。つまり新しいASEAN外交の要《かなめ》は海洋であり、アジア太平洋の海洋国家連携である。

この演説を読んだ時、念頭に浮かんだのは安倍のもう一つの海洋演説だった。それは第一次安倍政権時代の二〇〇七（平成十九）年八月に訪問先のインド国会で行った演説「二つの海の交わり」である。

二つの海とはやはり太平洋とインド洋のことで、タイトルはムガール帝国の王子ダラー・シコーの著書から取られたという。

演説は、自由の海、繁栄の海としてダイナミックな結合をもたらした二つの海が「拡大アジア」として形を現し、その両端に位置する民主主義国家である日本とインドにはこれを育てていく力と責任があると日印の役割について言及している。そして「強いインドは日本の利益であり、強い日本はインドの利益である」との考えで両首相（当時のイン首相はマンモハン・シン）は完全な一致を見ている——とした。

インドはもともと親日的な国だが、この演説は日印を単なる友好ではなく、戦略的連携という文脈で初めて捉えたところに特色があった。付け加えれば、日中関係を初めて「戦略的互恵関係」という枠組みで捉えたのも第一次安倍政権の時だった。

安倍が訪印から帰国後間もなく病気を理由に辞任したこともあって、日本では演説の重要性どころか演説自体がほとんど注目されることなく終わった。しかしインドでは違う。当時、演説の評価は高く、好感もされた。第二次安倍政権の誕生をインドがいち早く歓迎したのも、このような背景があったからである。安倍は二〇一四年一月、二年ぶりにインドを訪問し、同月二十六日の共和国記念日の祝典に日本の首相として初めて主賓として出席した。翌年の主賓に招かれたのはアメリカのオバマだった。

両演説を比べるために二〇〇七年のインドにおける「二つの海の交わり」演説を再読して、私は安倍が祖父岸信介を相当意識しているとあらためて思った。演説は岸のインドにまつわるエピソードにも触れている。安倍のインド訪問は祖父の訪問からちょうど五十年後にあたっていた。

一つは岸の項でも取り上げた、インド訪問の際にネールが数万の民衆の前で「尊敬する日本の国から来た首相」と紹介したエピソードだ。安倍は《私は祖父の膝下、聞かされました。敗戦国の指導者として、よほど嬉しかったに違いありません》と述べている。

つづけてODAを取り上げ《また岸は、日本政府として戦後最初のODAを実施した首相です。

まだ貧しかった日本は、名誉にかけてもODAを出したいと考えました。この時、それを受けてくれた国が、貴国、インドでありました。このことも、祖父は忘れておりませんでした》と述べている。

これらのくだりを読むと、インドの戦略的重要性とともにインドへの日本の親近感を、祖父という身内を触媒として伝えようとする安倍の外交戦略がうかがえる。演説当時のインド側首相は国民会議派のシン。現在はインド人民党のナレンドラ・モディが首相と、政権党は交代したわけだが、良好な日印関係は基本的に変わっていない。

むしろ戦略的グローバル・パートナーシップは一段と進展している。二〇一四年九月に来日したモディとの首脳会談で、安全保障に関して三カ国、日米印局長級対話と日米印外相間対話の開催を追究すること、さらに防衛装備協力の推進を目的とする事務レベル協議の開始で合意した。また岸から始まったODAは現在、インドが日本の円借款の最大の受け取り国となっている（二〇一三年度の総額は三千六百五十億円）。

安倍が行った「開かれた、海の恵み」と「二つの海の交わり」の両演説は、外交の継続性も感じられる。

たとえばインド演説の《「拡大アジア」は米国や豪州を巻き込み、太平洋全域にまで及ぶ広大なネットワークへと成長する》という文言が、その後の日米韓豪印の海洋連携を先取りしていたことは、モディとの合意からも明らかだろう。また両演説とも日本、インド、インドネシア（ひいてはASEAN）を海洋国家と位置づけ、アジア太平洋の海の平和の重要性を再三、強調している。

もう明らかだろう。演説はそう述べつつ、海の平和を脅かし、法のルールに従わない国があることを言外に滲《にじ》ませ、具体的な名指しこそしないが、中国を牽制する意図が込められている。

東南アジア歴訪につづく二月訪米の際にワシントンで行った演説「日本は戻って来ました」でも、安倍は海を強調し、日本の課題として①アジア太平洋地域、インド洋・太平洋地域において、ルールの推進者として主導的な地位を果たす。②海洋公共財などグローバル・コモンズの守護者であり続ける。③米韓豪州など志を同じくする民主主義国家と一層の協力をすることの三つを挙げている。

もともと日本にとって長年の懸案だった海洋基本法は第一次安倍政権で成立し、安倍の海への関心は強い。しかし演説を手掛かりにここまで見てきて分かることは、これほどまでに海を強調するのは、南シナ海や東シナ海における強圧的な行動に象徴される中国への警戒だろう。日本を海洋国家と強調することで、大陸国家・中国との違いを際立たせる狙いもあるかもしれない。

1章で見てきたように、中国も海洋法を制定した後、胡錦濤《こきんとう》政権で「海洋大国」を宣言し、海軍の強化や海洋局の整備など海洋国家の体制作りを急いでいる。

だからこそ、日本が日米同盟とともにASEANとアジア太平洋における海洋連携を充実させることがますます重要になってきているのである。

### 過度な期待をしてはいけない

日本とASEANは二〇一三年、関係樹立から四十年を迎えた。これは両者の対話の始まりを一九七三（昭和四十八）年十一月、東京で開かれた合成ゴムに関する第一回日・ASEAN会議（合成ゴム・フォーラム）としたことによる。

フォーラムは同年四月にバンコクで行われたＡＳＥＡＮ外相会議が「日本の無定見な合成ゴム増産と輸出促進がＡＳＥＡＮ諸国の経済に重大な脅威となっている」と、日本に対する厳しい共同声明を採択したことを受けて開かれた。天然ゴムの生産国が多いＡＳＥＡＮ諸国は、輸出市場を日本の合成ゴムが席巻することに危機感を抱いたのである。

このようにＡＳＥＡＮとの対話は、ＡＳＥＡＮ側の日本に対する不満の表明から始まった。当初のフォーラムは大変に対決的な雰囲気だったようだ。しかし結果的にこれが、日本とＡＳＥＡＮの関係を大きく前進させる契機となり、「禍を転じて福となす」になったと、会議に携わった元駐ロシア、インドネシア大使の枝村純郎が月刊誌『外交フォーラム』二〇〇八年七月号で書いている。

枝村によれば会議の成果は五つある。

第一にフォーラムによって、日本と地域機構としてのＡＳＥＡＮとの公式な対話が開始された。

第二にフォーラムが相互信頼の雰囲気を醸成して終わり、日・ＡＳＥＡＮ関係に明るい展望を開いた。

第三に双方が満足する解決の手段として、日本の経済援助、技術協力を活用する先例を開いた。

第四に「ＡＳＥＡＮ性」が認知された。これは少し耳慣れない表現だが、要はある国のプロジェクトがＡＳＥＡＮ全体にプラスになるものであれば、当該国の所得水準などと関係なく、経済援助の対象になるというコンセンサスが日本政府内でできたことを意味するものだという。

第五に「ＡＳＥＡＮ性」の概念が、ＡＳＥＡＮ側にも一定の義務を負わせるようになった。つまり第四と併せて、日本とＡＳＥＡＮ関係は双方が責任を持つことで前進することを再確認したというのである。

古い会議の概要を敢えて引用したのは、対立関係を協力関係に転化させた好例と思われるからである。

それから四十年経った二〇一三年十二月、東京で開かれた四十周年記念の日本・ＡＳＥＡＮ特別首脳会議には、加盟十カ国の首脳すべて（タイのみ副首相）が参加した。

この日本・ＡＳＥＡＮ首脳会議の発足は合成ゴム・フォーラムよりずっと後のことで、一九九七（平成九）年十二月のクアラルンプールにおける第二回ＡＳＥＡＮ非公式首脳会議から始まった。この枠組みの首脳会議を発案したのは日本で、同年一月、橋本龍太郎首相（当時）が東南アジア五カ国歴訪の最終地シンガポールで行った政策演説「日・ＡＳＥＡＮ新時代への改革――より広くより深いパートナーシップ」のなかで、日本とＡＳＥＡＮとの定期的な首脳会議を提案した。

ＡＳＥＡＮ側は留保付き賛成だった。会議には賛成だが、日本とだけでは困る。ＡＳＥＡＮとしては中国を無視できない。日本とだけ開いたら中国は黙っていないだろう。留保の真意はそのように読める。その年のＡＳＥＡＮ議長国マレーシアの首相マハティールも、日本との単独開催に反対した。

結局、橋本提案は日・ＡＳＥＡＮだけでなく中国などＡＳＥＡＮ＋１、さらにはＡＳＥＡＮ＋３（日中韓）首脳会議へと発展した。ＡＳＥＡＮ＋１は、ＡＳＥＡＮが日本、中国、韓国など各対話国と行う枠組みである。

できるだけ皆の顔を立てるのがＡＳＥＡＮウェイなのだ。橋本提案から「ＡＳＥＡＮ＋３」という新しい対話の場も生み出した。構成国は、かつてアメリカの反対で頓挫した「東アジア経済協議体（ＥＡＥＣ）」と同じだけに、参加国だけ見ればＥＡＥＣの発足だった。

その後、ＡＳＥＡＮ＋３はインド、オーストラリア、ニュージーランドを加えることが検討され、ＡＳＥＡＮ＋６から最終的には東アジア首脳会議（ＥＡＳ）が誕生した。ＥＡＳは現在、アメリカ、ロシアも加わり十八カ国参加となっている（二三一頁参照）。

このようにＡＳＥＡＮは悪く言えばタコ足的に、よく言えば重層的に、地域と国際情勢の変遷のなかで、機構を作り上げてきた。最初に明白な規範やゴールを設定して事を進めるＥＵ（欧州連合）とＡＳＥＡＮ方式の違いがよく分かる。アメリカが東アジアかと言えば、地理的概念では怪しい。しかし今やどこもそんなことは言わない。東アジアはアメリカを必要としているし、アメリカも東アジアを必要としている。アメリカが入ればロシアも黙っていない。それが二十一世紀のアジア太平洋の国際環境である。

二〇一三年十二月の四十周年記念行事に話を戻す。

安倍は首脳会議で、「国際航空の秩序に制限を加えようとする動きは強い懸念材料だ」と力説したと伝えられる。もちろん中国が一方的に設定した尖閣諸島上空の防空識別圏設定を念頭に置いての発言である。ＡＳＥＡＮ内の対中観は一枚岩ではないから対中包囲網の結成は無理だとしても、東シナ海と南シナ海で中国に一方的な現状変更をさせないよう、日本との共同歩調をＡＳＥＡＮに働きかけたわけだ。

しかし中国抜きの「日・ＡＳＥＡＮ」のみの会議開催を回避したように、ＡＳＥＡＮウェイは安倍の思惑どおりに事を運ばせなかったようである。

《中国との関係をめぐっては加盟国内でも温度差があり、事務方による共同声明作りは難航。最終的に「脅威」の表現が削除されるなど足並みの乱れも垣間見られた。……（中略）声明の最終案では、日本が打診した「安全保障上の脅威」という文言が削られた。首相は中国の防空識別圏の「撤回」を求めているが、共同議長を務めたブルネイのボルキア国王は、共同発表の席で中国を連想させるような発言を慎んだ》と産経新聞の平成二十六年十二月十五日付は伝えている。

採択された共同声明は、海の部分は《南シナ海における行動規範に関するＡＳＥＡＮと中国の公式な協議を歓迎》し、防空識別圏を想定する部分は《上空飛行の自由及び民間航空の安全を確保するための協力を強化する》との表現に落ち着いた。

「安全保障上の脅威」も「中国」の名前もどこにも見当たらず、中国には痛くも痒くもない声明となった。しかしだからと言って「これでは意味がない」と共同声明を反古《ほご》にするのも意味のあることではない。それで日本の得るものはないだろう。

声明は、初めに「ＡＳＥＡＮの中心性」の重要性を強調することでＡＳＥＡＮの奮起に期待し、最後は日本の積極的平和主義に対するＡＳＥＡＮ首脳の期待の表明で終わっている。双方に配慮し、持ち上げ、これからが一層大事であるという認識で終えた。とくに積極的平和主義に対してＡＳＥＡＮから肯定的な評価を得たことは大きな意味があると言うべきだ。

会議ではこのほか「日・ＡＳＥＡＮ友好協力に関するビジョン・ステートメント」も採択した。

日本とＡＳＥＡＮが四分野（①平和と安定、②繁栄、③質の高い暮らし、④心と心）でパートナーであることを確認し、福田ドクトリンの「心と心」が継承されている。

安倍外交は主張がはっきりとし、歯切れの良いことが特徴となっている。その点、ＡＳＥＡＮの微温的な対応とやや肌合いが違う点は否めない。先送り体質のＡＳＥＡＮは事の決着を急がず、また白黒をはっきりさせないことがある。したがってＡＳＥＡＮを一刀両断しないことも求められる。ＡＳＥＡＮに過剰な思い入れや期待をしてはいけない。誤解を恐れずに言えば、少し失望するくらいがちょうどよい。そうするとＡＳＥＡＮは「失望」を必ず裏切って「期待」させてくれる。ＡＳＥＡＮの取材をしながらしばしば感じたのは、こういう意外感というか嬉しい番狂わせである。二国間関係についても同じことが言える。中国の強い影響下にあり、南シナ海の領有権問題がないカンボジアやラオスと、領有権問題で対立するベトナムやフィリピンとでは対中認識は当然違うし、領有権問題はなくても華人・華僑問題やインドネシア共産党との関係をめぐって中国と歴史的に禍根のあるインドネシアもまた違う。まさに温度差があり、対中関係と対日関係がシーソーのような関係になっている場合もある。

近年はＡＳＥＡＮ10の中でもとくにベトナムとフィリピンが、海洋安全保障分野などで日本との緊密化が目だっている。しかし残る国々とも関係を一層発展できる可能性や潜在力が、日本にはまだ十分にある。そのようになぜ言うことができるかと言えば、次に取り上げる、日本が定期的に行っている海外の対日世論調査の最新の結果が、それを雄弁に物語っているからである。ＡＳＥＡＮと日本はもっと建設的でよい関係を築くことができる。そう期待したくなる未来を予感させるのだ。

## 「最も信頼できる国」は日本だが

平成二十六年三月に行われた「ＡＳＥＡＮ七カ国における対日世論調査」は、外務省が香港の会社に委託し、インドネシア、マレーシア、フィリピン、シンガポール、タイ、ベトナム、ミャンマーの七カ国を対象に、いずれも十八歳以上の識字層約三百人（平均年齢約三十八歳）に対して行われたものだ。

特筆される第一の結果は、「ＡＳＥＡＮ諸国にとって現在重要なパートナーはどの国か」との質問（複数回答方式）に対して、アジアや欧米の主要十一カ国のなかから、回答は日本（六五パーセント）、中国（四八パーセント）、アメリカ（四七パーセント）の順で日本が一位だったことだ。また「将来重要なパートナーはどの国か」という質問に対しても、日本（六〇パーセント）、中国（四三パーセント）、アメリカ（四〇パーセント）という順だった。現在から将来にわたって、日本は重要なパートナーという答えである。

日本が一位でなかった国は二カ国ある。ミャンマーはアメリカ（四八パーセント）が、シンガポールは中国（六〇パーセント）が最も重要なパートナーであるとした。これに対して日本が重要なパートナーとしたのはミャンマーで四四パーセント、シンガポールでは五〇パーセントだった。

二〇一一年にクリントンが国務長官としては五十六年ぶりに訪問して以来、ミャンマーが国際社会への道を歩み始めたことを考えれば、頷ける回答である。シンガポールの場合も、華人国家として中国との経済的相互依存の大きさを考えれば、これまた妥当な結果と言ってよいだろう。

中国はＡＳＥＡＮに対してカネ、ヒト、モノを大量に注ぎ込み、開発援助の現場で自国の援助を強調するためか、とりわけ日本の協力の跡を消すのに躍起だ（先に紹介したカンボジアで日本の整備した道路のそばに敢えて道路を作り中国の存在を誇示することなどは一例）。ＡＳＥＡＮ諸国も一見、このような中国の進出を歓迎しているように見られてきた。それだけに日本が中国を抑えて重要なパートナーとして一位になったということは、一層意味がある。

外務省は東南アジアでこの種の対日世論調査を定期的に行ってきた。前回は平成二十年二月から三月にかけて、シンガポールの会社に委託し、ミャンマーを除く先のＡＳＥＡＮ六カ国を対象に同様な条件で行われた。この時の結果と今回とを比較すると、さらに興味深い事実が浮かび上がる。

前回、「ＡＳＥＡＮ諸国にとっての重要なパートナーはどの国か」という同様の質問に対する答えは中国（三〇パーセント）、日本（二八パーセント）、アメリカ（二三パーセント）の順で、わずかながら中国が先んじていたのだ。

この六年間でなぜ日中の順位が逆転したのかを、考えてみることも重要である。中国の大盤振舞いや大国的行動に目を奪われがちだったが、やっぱり大事な隣国は日本なのだとあらためて気づいたとか、日本の対ＡＳＥＡＮ外交が評価されたのだとしたら喜ばしいことだ。同時に順位というものは、ちょっとしたことで逆転するのだという警告も、結果は示したことになる。

その意味で興味深いのは、今後中国が主導するアジアインフラ投資銀行（ＡＩＩＢ）が重要度の順位にどのような影響を及ぼすかであろう。多額の援助によっても順位を買うことができなかったのが世論調査の示しているところであるとすれば、ＡＩＩＢが即順位を変えてしまうとは考えにくい。各国はもう少ししたたかであると考えたほうがよいだろう。もちろんＡＩＩＢが軌道に乗るか乗らないかなど、そのカギはこの銀行の進展いかんにもかかっている。

また各国別に見ると、日本と中国を一位とした国は、三カ国ずつに見事に分かれている。日本が一位となったのはインドネシア、フィリピン、ベトナム、中国を一位としたのはマレーシア、シンガポール、タイである。この答えは、いま再度調査をしても、恐らく同様な回答になるだろう。日本を最も重要なパートナーであると考える国をさらに増やすためにはどうすべきなのだろうか。対ＡＳＥＡＮ外交という大枠を念頭に置きながらも、国別にきめ細かくアプローチしていくことが一段と大切になってきたと言えそうである。

ＡＳＥＡＮは一つだが、同時に一つ一つでもあるということだ。

《国土や人口や経済の規模はもちろんのこと、政治体制や産業構造、近年の歴史経験、さらには近隣諸国との関係でもＡＳＥＡＮ内部のばらつきははなはだしく大きい。むしろこれほどばらばらな国々がＡＳＥＡＮとしてひとつにまとまっていることのほうが、アンバランスの存在よりもはるかに驚くべきことなのである》（『新しいＡＳＥＡＮ』）との指摘はもっともである。

平成二十六年の調査では「最も信頼できる国はどこか」という項目でも日本が三三パーセントと、二位以下を大きく引き離してトップとなった。二位のアメリカは一六パーセント、中国はオーストラリアとともに五パーセントで四位だった。これらから回答者の真意を読むとすれば、中国は重要な国だが、必ずしも信頼できる国ではないということだろう。各国の人々はその辺を冷静に区別して考えていることが分かる。

日本を一位にしなかった国はやはり二カ国あり、フィリピンはアメリカ、シンガポールはアメリカと日本を同程度とした。

中国を、現在も将来も最も重要な国だと位置づけたビジネスライクなシンガポーリアンたちが、信頼できる国にはアメリカ、日本を選び、中国を選ばなかったのも、なかなか示唆に富んでいる。華人である彼らの、圧倒的な力を持つ中国に対する複雑な思いが伝わってくる。

たかがアンケート、されどアンケートということができる。

ちなみに同年、アメリカで行われた対日世論調査でも、アジアにおけるアメリカの最も重要なパートナーとして「日本」「中国」「韓国」「ロシア」「それ以外の国」を選択肢にして尋ねたところ、日本と答えた人が四六パーセントに対して中国は二六パーセントだった。ここでも日本がトップになったのは平成二十一年以来だという。東南アジアでもアメリカでも同様な結果が出ていることは、今や地域を問わず、国際社会の目に映る日本と中国の姿が変わってきたことを意味しているのではないだろうか。

その上で、対日世論調査の結果が示唆することは、国益がぶつかり合う外交の舞台では、ともすればナイーブすぎると軽視されがちな「誠実」や「信頼」あるいは「信義」と言った要素はやはり重要であるし、基本となるべきだということだ。

もちろん、「誠実」だけでは通用しない、また「誠実」に掌を返すような国があることも確かである。しかし日・ASEAN関係はそうした基本が大きく損なわれることなく、進展してきたと言ってもよい。だからこそ眼前の損得や事象ばかりではない、長期的な国益を考え抜いた対ASEA

N外交がますます重要なのである。

世論調査に気を良くしていい気になることだけは禁物だ。中国もASEAN重視には変わりがない。南シナ海での強圧的行動が招いた外交的失敗をどう帳消しするか、また日本をどう抜き返すか、策を練っているに違いないのである。

# Ⅳ　ＡＳＥＡＮはアジア太平洋のセンターになれるか

## 8章　〝寄り合い所帯〟からの脱皮

### 長持ちし、成功をおさめた秘密

ＡＳＥＡＮは外交から経済、社会、文化まであらゆる面で日本にとって重要性が増している。幸い世論調査で日本への好感や信頼、期待度などが、近隣の北東アジアだけでなく世界のどの地域と比べても上回っていることが明らかとなった。

ここでＡＳＥＡＮがいまどのような状況にあるかをあらためて見ておきたい。

ＡＳＥＡＮは一片の宣言から始まった。当時、日本も含めて国際社会から脚光を浴びることはほとんどなかった。先行する東南アジア連合（ＡＳＡ）や東南アジア条約機構（ＳＥＡＴＯ）、そしてマフィリンド（マラヤ、フィリピン、インドネシアで結成）などの地域機構は、短命で終わるか、東南アジアといっても一部地域に限られた機構で、ＡＳＥＡＮも「また一つ機構ができたのか」程度にしか受け止められなかったのだ。

ソ連や中国、ベトナムなど社会主義諸国は、反発するか敵視した。

たとえば中国研究家、毛里和子は論文で《中国は新しく生まれたＡＳＥＡＮを「反中国・反革命・反人民の反共連合」であり「侵略機構ＳＥＡＴＯの兄弟分でアメリカ帝国主義の三日月形の反中国包囲網の一環である」と手きびしく非難した》（岡部達味編『ＡＳＥＡＮをめぐる国際関係』日本国際問題研究所）と書いている。

この頃、中国は文化大革命を発動し、造反外交と東南アジアの反政府武装勢力に半ば公然と武器を含む支援を行っていた。

しかしＡＳＥＡＮは七〇年代から九〇年代までの米ソ冷戦時代に、ベトナム戦争やカンボジア内戦、米中接近、アジア経済危機など数々の歴史的衝撃に見舞われながらも、ＡＳＡやＳＥＡＴＯなど他の機構のように消えることはなかった。生きぬいた要因は大きく三つ挙げられる。第一にＡＳＥＡＮが五カ国から始まって、六カ国（一九八四年、ブルネイ）↓七カ国（一九九五年、ベトナム）↓九カ国（一九九七年、ミャンマー、ラオス）↓十カ国（一九九八年、カンボジア）と一カ国も脱落させることなく拡大路線を歩み、分裂に至るほどの大きな紛争を起こさず結束してきたこと、第二に域外大国を対話国と位置づけて関与させ、ＡＳＥＡＮが中心となってＡＲＦやＡＳＥＡＮ＋３、ＥＡＳなどすでに見てきたように対話のメカニズムを重層的に作り上げてきたこと、第三に何よりも経済的発展を重視し、アジア太平洋の経済成長に貢献してきたことだ。そしてこれらの要因が上手く噛み合ってきたところに、ASEANが長持ちし、成功を収めた秘密があると言える。

## 法の支配、グッドガバナンス、民主主義を謳う

冷戦が終わり二十一世紀に入ると、ASEANではさらに新たな動きが顕著になった。一つは設立条約に相当するASEAN憲章を制定する動きが本格化した。首脳会議や外相会議など一連のASEAN会議を経て、二〇〇七年十一月、シンガポールで開かれた第十三回ASEAN首脳会議は憲章署名式を行い、翌年十二月に発効した。欧州連合（EU）には大分遅れたが、ASEANは最高規範となる文書を初めて持ったのである。

憲章は四十六条から成り、これまでのいわゆるASEANウェイを尊重しながらも、新しいASEAN像を目指している。

たとえば第一条「目的」の「民主主義を強化し、グッドガバナンスと法の支配を強化し、人権と基本的自由を促進する」という文言は、先述のように設立宣言になかったものだ。冒頭の「目的」だけでなく、第二条「原則」でも「法の支配、グッドガバナンス、民主主義の原則の順守」と重ねて謳っており、ASEANの新しい立ち位置が見える。

## 不文律はコンセンサスと内政不干渉

一方、変わらぬ部分は、同じ「原則」で加盟国の内政への不干渉を謳い、第二〇条「協議とコンセンサス」を「基本原則として、ASEANにおける意思決定は、協議とコンセンサスに基づく」

としていることだろう。

「内政不干渉とコンセンサス方式」の二つの原則は発足以来の一種の不文律であり、ＡＳＥＡＮの代名詞でもある。それが再確認された。

ただし内政不干渉は見直しの議論がしばしば起きている。加盟国でもタイ、フィリピンのような見直し積極派とマレーシアやカンボジアなどの消極派とばらつきがあるし、ケース・バイ・ケースの対応も見られる。

代表的な例には一九九七年のカンボジアとミャンマーの加盟問題がある。創設三十周年である同年に、ラオスも含めて三カ国同時加盟でＡＳＥＡＮ10を実現したいというのが、ＡＳＥＡＮの描くシナリオだった。ところが会議直前、カンボジアでラナリット第一首相派とフン・セン第二首相派との武力衝突が起き、事態は変わった。またミャンマーの軍事政権にはＡＳＥＡＮ内でも批判があった。

ＡＳＥＡＮは緊急外相会議を招集し、午前十時半から午後四時近くに及ぶ長い議論の末にカンボジアの加盟は延期、ミャンマーの加盟は予定どおりと、異なる結論を下した。

会議後、クアラルンプールで行われた記者会見はなかなか興味深いものだった。

配られた外相声明は結果を伝えるだけの簡単なもので、記者の一人が「たったこの紙一枚のためにこんなに長い間話し合っていたのか」と会議の中身を追及すると、会場には爆笑が起き、主催国マレーシアのアブドラ・バダウィ外相も苦笑しながら「異なる意見がいろいろ出た。最後はコンセンサスだった」と述べた。

一方、加盟延期を知らされたフン・センは「なぜカンボジアの内政に干渉するのか。ASEANは変わったのか」と怒りまくったと伝えられた。

二人の言葉が図らずも象徴するように、議論の焦点は「内政不干渉」であり、着地点が「コンセンサス」だった。つまりASEANウェイで収めたのである。

フン・センの怒りが一理あったのは、ASEANがミャンマーの軍事政権は内政不干渉で問題視せず、対カンボジアと原則を使い分けたことが否めないからだ。しかし内戦にようやく終止符を打ち、国連監視下での総選挙を経て二人首相制で妥協したのに、その二派が武力衝突してはASEANとして認めるわけにはいかないというのも理がある。衝突が加盟直前に起きたというタイミングも悪かった。

もっとも加盟を認められたミャンマーはその後も軍政をつづけ、二〇一一年三月まで民政移管しなかった。欧米からの軍政批判と板挟みのASEANが対応に苦慮したことは確かである。それでもASEANはミャンマーに制裁を科すこともなく一体でありつづけた。軍政に諸手を上げて賛成したわけではないが、ミャンマーが孤立し、中国の影響下に組み入れられることはマズイと考えたのである。また政権と山岳地帯の少数民族との和平も成立していない状態で、スー・チー陣営に果たして統治能力があるのかどうかも疑問視された。同じ軍政から出発したスハルトのインドネシアに、その懸念はとくに強かった。

これらの事情を（恐らく）知っているにもかかわらず、「民主化に逆行するミャンマーと同席しない」などと言って会議のボイコットをほのめかすようなEUの姿勢は、ASEANから見れば内政干渉であった。

このミャンマー加盟問題で、タイとフィリピンは軍政を批判し、内政不干渉の見直しを提起した。とくに論客として知られたタイ外相（当時）のスリン・ピッワンは、内政不干渉の原則を「建設的介入政策」に変更すべきだとの論陣を張った。それまでＡＳＥＡＮがしばしば使った「建設的関与政策」という表現は、内政不干渉を言い換えたにすぎないと見なされていた。関与から介入へ、スリンはＡＳＥＡＮの議論を前に進めたのである。

もう一つの不文律であるコンセンサスは見直し論がそれほど顕著ではない。コンセンサス方式は原加盟国の一つ、インドネシアの「ムシャワラ・ムファカット（話し合いによる合意）」という考え方が投影されている。語源はアラビア語で、イスラムとともにマレーからインドネシアへと渡ってきた。ムシャワラ（話し合い）もムファカット（全会一致、合意）もインドネシアの農村社会を支えるゴトン・ロヨン（相互扶助）の軸となるものだといわれる。

表決を採らず、賛成、反対も明文化しない。したがって民主主義に一般的な多数決を採らない。それでは憲章第一条の民主主義の強化と矛盾するのではないかとの疑問には、泉下のガザリなら間髪を容れず「われわれは欧米とは違うのだよ」と言いそうである。

しかしＡＳＥＡＮ憲章は国際情勢が複雑化する今日、二つの原則を踏襲するだけでは問題の解決が困難な場合も想定し、補足的と思われる項目も入れている。

内政不干渉は守るが、「ＡＳＥＡＮの共通の利益に著しく影響を与える案件に関して協議を強化する」ことや、「コンセンサスが得られない場合は、首脳会議が決定方式を定めることができる」

としたことなどがそれである。コンセンサスが行き詰まった場合は、最高決定機関の首脳会議に委ねようというわけだ。しかし、これもコンセンサスと言えば、言える。

創設の式典が五カ国外相出席の下で行われたことが象徴するように、最高決定機関は長い間、外相会議だった。それが一九七六年にインドネシアのバリ島で初めて首脳会議が開かれ、首脳会議の重みが増して行った。しかしいかにもASEANらしく、そのことは明文化されず、憲章（第七条）で初めて首脳会議が最高政策決定機関であり、年二回開催すると明記されたのである。

## 憲章が修正される可能性

内政不干渉とコンセンサスという不文律は今後も不文律であり続けるのか。修正される可能性は十分ある。憲章作成にあたってASEANが憲章案を委ねた各加盟国から選ばれた合計十人の賢人会議（EPG）は、報告書で見直しを提案していた。

ただ今回はコンセンサスを見直すためのコンセンサスが得られなかったわけだ。そこにEUと比べて緩やかだが曖昧なASEANがある。EPG報告書はASEANの目的や原則などに対する重大な違反や不履行があった場合に、除名も含む厳しい措置も提言していたが、これも採用されなかった。ASEANウェイにはなじまないという判断なのだろう。しかし、ASEANを取り巻く国際情勢は変化している。米中関係などの推移やASEAN各国の国内事情も注視しながら、ゆっくりと静かに、憲章が修正されるという事態も十分あり得る。

# 9章　ＡＳＥＡＮ共同体の発足

## 「ＥＵのアジア版」ではない

二〇一五年はＡＳＥＡＮにとって歴史的な年だ。同年末には「ＡＳＥＡＮ共同体」が実現するからである。

ＡＳＥＡＮが共同体の創設を公式に謳ったのは二〇〇三年十月、インドネシア・バリ島で開かれた第九回ＡＳＥＡＮ首脳会議においてだった。採択された第二ＡＳＥＡＮ協和宣言（バリ・コンコードⅡ）は初めて「安全保障共同体（ＡＳＣ）」、「経済共同体（ＡＥＣ）」、「社会・文化共同体（ＡＳＣＣ）」という三つのＡＳＥＡＮ共同体を示した。なおＡＳＣはその後、名称が「政治安全保障共同体（ＡＰＳＣ）」に変更された。

また当初、二〇二〇年だった実現の時期も二〇〇七年一月にフィリピン・セブ島で行われた第十二回ＡＳＥＡＮ首脳会議で、五年前倒しされ、二〇一五年となったのだった。

さらに同年十一月にシンガポールで行われた第十三回ＡＳＥＡＮ首脳会議で最初に「経済共同体ブループリント（工程表）」が署名され、残る二つの共同体についても翌年のタイ・ホアヒンでの第十四回ＡＳＥＡＮ首脳会議で署名された。

このように時系列的に言えばＡＳＥＡＮ共同体は着々と進んでいる。ただし共同体の名称から、ＥＵのアジア版などと早合点してはいけない。ＡＳＥＡＮ共同体は、ＥＵのように共通通貨ユーロも共通外交も持っていない。またＥＵ加盟国が主権国家を保持しつつも大枠で統合を目指してきたのに対して、ＡＳＥＡＮは主権国家が先行している。

一九九七年のＡＳＥＡＮ設立三十周年の取材で会ったタイのジャーナリストが「ＡＳＥＡＮ10が実現しても、われわれがＡＳＥＡＮ人という意識を持つだろうか。ＥＵにはヨーロッパ人意識があるが、われわれは違う。どこにＡＳＥＡＮ人がいるだろう。どこにもいない。会議だけは沢山やっているけれど」と皮肉を込めて語っていたのを思い出す。

しかし彼も今ではこの言葉を多少修正するだろう。二年後の二〇一七年に五十周年を迎えるＡＳＥＡＮは、確かにまだＡＳＥＡＮ人を生んでいないが、協力の積み重ねによって加盟国内のＡＳＥＡＮ意識はかなり浸透した。二〇一五年のＡＳＥＡＮ共同体の発足がそれをさらに後押しすることは間違いない。

## 牽引役は経済共同体

三つの共同体のなかでもっとも大きな役割を果たしてきたのが経済共同体（ＡＥＣ）である。ＡＳＥＡＮ共同体の基盤であり牽引役として、具体化のプロセスは先行している。このため二〇一五年の共同体の実現とは、事実上、経済共同体を意味している。そもそもＡＳＥＡＮが地域機構として注目を集めるようになったのも、経済成長と発展の要素が大きい。

経済共同体を提案したのはシンガポールのゴー・チョク・トン首相（当時）で、背景には中国とインドの台頭があった。とくに外国投資が中国に集中し、ゴーは《アジア通貨・経済危機以降、ASEANの外国投資を誘致する力が弱体化しており、統合の深化が対処する唯一の方法である》と考えたのである（石川幸一、清水一史、助川成也編著『ASEAN経済共同体』JETRO）。

では経済共同体が実現すると何がどう変わるのだろうか。一九九七年にクアラルンプールで行われた第二回ASEAN非公式首脳会議で採択された、共同体構想の原点と言われる「ASEANビジョン二〇二〇」は「モノ、サービス、投資の自由な移動、資本のより自由な移動、平等な経済発展、貧困と社会経済不均衡の是正が実現した、安定・繁栄・強い競争力のあるASEAN経済地域の創造」としている。

ただしここでも、名前の類似性からEU（前身は欧州経済共同体＝EEC）と同一視すると誤解することになる。共同市場が出現するわけでも、ヒトの移動が完全に自由化されるわけでもない。ではどうなるのか。それは《ASEAN域内の経済統合を牽引するASEAN自由貿易地域（AFTA）を核に関連措置の自由化を一部で進める「AFTAプラス」であり、自由化と円滑化の範囲は、むしろ日本が進める経済連携協定（EPA）と類似している》（山影進編『新しいASEAN』）という。

ASEANが共同市場を作り、ヒトの移動を完全に自由にするには、経済の規模も発展のレベルも加盟国間の大小の格差がEUに比べて大きすぎる。ASEANは、もっと緩やかな経済共同体を目指すという結論に落ち着く。

こうしたなかで二〇一五年四月六日、東南アジアの大動脈メコン川が流れるカンボジア南部で、日本の無償資金協力によって建設中だった同国最大規模の橋が開通、ベトナム・ホーチミンからカンボジア・プノンペンを経由してタイ・バンコクに至る「南部回廊」が貫通したことは、経済共同体の進展を後押しする象徴的な出来事だった。このように国境をまたいで時間を大幅に短縮し、ヒト・モノがスムーズに運ばれて行く光景こそ、共同体の将来像だからである。ＥＵのようにヒト、モノがすべて自由に域内移動できるようになれば共同体のレベルはさらに高まるだろう。南部回廊はさらに南のダウェイまで伸長される予定で、ダウェイは日系企業の大規模な進出が期待されている。

ＡＳＥＡＮは共同体構築のため二〇一〇年の首脳会議で「連結性マスタープラン」を採択した。連結性には①物理的連結性＝ハードインフラ（鉄道、道路、物流サービスなど）②制度的連結性＝ソフトインフラ（税関手続き、規格など）、そして③人と人との連結性（観光、教育、文化など）があり、南部回廊は東西回廊（ベトナム・ダナンからミャンマー・モーラミャインまで）、南北回廊（中国・昆《こん》明《めい》からタイ・バンコクまで）とともに経済統合に向けＡＳＥＡＮが力を入れる三つの経済回廊の一つだ。

また連結性（コネクティヴィティ）はいまやＡＳＥＡＮの代名詞ともなった文言である。連結性にはインドシナ三国（カンボジア、ラオス、ベトナム）にミャンマーを加えたＣＬＶＭ（四カ国の頭文字）の、ＡＳＥＡＮにおける開発格差を是正しようとの狙いが込められている。それによってグッドガバナンスや競争力の強化を図り、人々の福祉向上を目指す。そうしなければ加盟国間の格差は縮まらず、憲章の目指す単一の市場・生産拠点の創出も絵に描いた餅になってしまう。

南部・東西両回廊は日本がインフラ整備を支援し、南北回廊は中国が力を入れている。ここでも日中のせめぎ合いが繰り広げられているわけである。南部回廊と東西回廊が連結される暁には南シナ海とインド洋が陸の回廊を通じても結ばれ、「二つの海の交わり」（安倍演説）はさらに具体性を帯びることになるだろう。

たしかにEUと比べて共同体のレベルは不完全かつ不十分かもしれない。しかし統合を果敢に進めてきたEUにも再考の時が訪れているように見える。ギリシャ危機はEUの結束と世界経済に深刻な影響を与え、スコットランド離脱を食い止めたイギリスは総選挙での保守党勝利によりEUからの離脱の是非を住民投票で問うことになった。またNATO（北大西洋条約機構）の東方への拡大はロシアとの緊張を招いてもいる。

それでもEUは統合からの後戻りは考えられないし、ASEANもできるところから協力・一体化を進めて行くだろう。EUの経済統合とAECを単純比較して評価を云々するのは無理があるし、時期尚早でもある。

### 政治安全保障共同体の遅々とした歩み

第二の「政治安全保障共同体（APSC）」は、インドネシアが二〇〇三年の議長国就任にあたって提案した。その背景には、一九九七年のアジア通貨・経済危機でASEANの存在感が低下したことや、二〇〇一年の米同時多発テロ後のイスラム過激派組織の東南アジアへの浸透など国際環境の変化に対するASEAN強化策、さらにスハルト体制崩壊で弱体化したASEANの盟主インドネシアの復権など複数の要因があった。

インドネシアの提案は、ASEAN平和維持軍の創設や人権擁護規範の導入など野心的すぎる内容だったこともあって、バリ島での第九回首脳会議で他の加盟国の合意を得ることはできなかった。しかし構想は生き残り、この時に採択された第二ASEAN協和宣言に反映された。また提案したインドネシアで二〇〇四年十月に民選により初めて誕生したユドヨノ大統領も構想を進めた。

同年十一月、ラオスの首都ビエンチャンで開催された第十回ASEAN首脳会議はASEAN共同体実現のための「ビエンチャン行動プログラム（VAT）」を採択した。そのなかで政治・安全保障共同体は目標と戦略上の五つの重点協力分野を挙げた。ポイントは次のようになる。

目標　包括的な政治・安全保障協力を通じた地域の平和、安定、民主主義及び繁栄を強化する。

戦略的要点　①人権の促進、法の支配・司法制度・グッドガバナンスなど政治的発展のための国内制度の整備②ASEAN憲章の制定（すでに実現）、非ASEAN諸国への友好協力条約（TAC）加入奨励など規範の形成と共有③軍事関係者の交流、軍事政策の透明度促進、早期警戒制度、ASEAN地域フォーラム（ARF。後述）の強化、国境を越える問題への対処など紛争予防④平和維持センターの活用や紛争への対応力の強化など紛争解決⑤人道支援、人材育成プログラムの実施など紛争後の平和構築となっている（山影進編『新しいASEAN』参照）。

一読して抽象的な項目が並ぶ。またTAC（東南アジア友好協力条約）やARFなど既存の安全保障の枠組みも入っている。全般的に遅々とした取り組みという印象は否めず、経済共同体と比べると進展の遅れは明らかだ。

ＡＳＥＡＮもそれを認識するからこそ、二〇一五年のＡＳＥＡＮ共同体の実現をもっぱら経済共同体に置いているのだろう。

ただし成果はゼロではない。二〇〇六年から始まったＡＳＥＡＮ国防相会議（ＡＤＭＭ）と、二〇一〇年からの拡大ＡＳＥＡＮ国防相会議（ＡＤＭＭ＋）はＡＰＳＣの産物であり、アジア太平洋では初めての枠組みである。ＡＲＦが安全保障対話に留まっている不十分さを補い、南シナ海問題への取り組みをはじめとした安全保障問題で今後、ＡＤＭＭとＡＤＭＭ＋の重要性は増して行くものと考えられる。問題は枠組みに終わらず、実質的な議論がどこまででき、具体的成果を上げられるかである。

ＡＤＭＭとＡＤＭＭ＋はＡＲＦと同様にＡＳＥＡＮによる安全保障の枠組みである。会議はＡＳＥＡＮが運営する。例によってＡＳＥＡＮが「運転席」に座るということである。したがって会議がＮＡＴＯ（ノーアクション、トークオンリー）になってしまうと、逆にＡＳＥＡＮの地位低下につながってしまう。

中・小国連合であるＡＳＥＡＮは、自分たちがハンドルを握り、中心性を維持することが、ＡＳＥＡＮをより活かし機能させる条件であると考えてきた。ＡＳＥＡＮはこのことを憲章第一条で《地域アーキテクチャーにおける域外パートナーとの関係・協力において主要な推進力であるＡＳＥＡＮの役割を維持する》と確認し、第四十一条の対外関係の項でも《ＡＳＥＡＮは地域協定において主要な推進力となる》とダメ押ししている。

### 社会文化共同体の核心は「思いやり」か

最後のＡＳＥＡＮ社会文化共同体（ＡＳＣＣ）は、以上二つの共同体に比べるとＡＳＥＡＮのなかでも注目度が低く、中身も政治安全保障共同体よりさらに抽象的で漠然としている。ビエンチャン行動プログラム（ＶＡＴ）によれば、調和のある人間中心のＡＳＥＡＮにおける持続可能な開発のための人、文化、自然資源を育てることを目的として、戦略的要点に次の四点を掲げている（外務省のVAT骨子を参照）。

第一に貧困削減、教育アクセス促進、女性、子供、高齢者支援、健康問題、ＨＩＶ／ＡＩＤＳ等感染症対策、薬物対策などによる思いやりのある社会の構築

第二に人材育成などによる経済統合の社会的影響の管理

第三に環境、天然資源及び生活の質を確保するため持続可能な開発のメカニズムの確立

第四に芸術、観光、スポーツ、ＡＳＥＡＮ言語の促進などを通じたＡＳＥＡＮアイデンティティ（共通認識）の促進である

なぜ社会文化共同体は注目度や関心が低いのか。その理由について先述の『新しいＡＳＥＡＮ』は四つ指摘している。第一にＡＳＣＣの掲げる目標が特に目新しいものではないこと、第二に目標の幾つかはプログラムとしてすでに行われていること、第三に活動領域の多くが主権国家の開発政策や社会保障政策であるため各国の行政の課題でもあること、最後に経済共同体や政治安全保障共同体と違って、ＡＳＥＡＮのなかにこれを議論したり発信したりする知識人が少ないことを挙げて

いる。

先に私はEUと比較してASEAN共同体について「ASEAN人なんていない」と感想をもらしたジャーナリストの話を紹介した。ASEAN人が誕生するためには、アイデンティティ形成の土台となる社会文化共同体の進展が不可欠である。現時点で社会文化共同体として一括りするには、ASEAN10は多様と言えば聞こえが良いが、それぞれの社会は独自に歩んでおり、実はバラバラである。

EU加盟で旧東欧諸国が次々とメンバー入りしているのに、トルコの加盟が据え置かれた理由の一つを、キリスト教国でないからと考える人は少なくない。EU文化イコールキリスト教文化と理解されている。

これに対してASEANの全人口約六億の四割を占めるインドネシア人の九割がイスラム教徒だからと言って、ASEANはイスラムではないし、インドネシアもイスラムを国教にしていない。さまざまな宗教があることはすでに見てきたとおりで、つまり宗教面から言えばASEANは一つではない。

ではASEANは今後、社会文化共同体を何で括って行けばよいのだろうか。ASEANにムシャワラ（話し合い）やムファカット（全員一致）あるいはゴトン・ロヨン（相互扶助）と言ったジャワ（インドネシア）文化が色濃く反映されていることを先に書いた。しかしこれを社会共同体の中心に据えるのは、残る九カ国の共感を得られないだろうし、インドネシアもそれを望んでいるとは思えない。

私はＶＡＴ骨子にある戦略的要点の一つ「思いやりのある社会の構築」という言葉に注目したい。思いやりとは何ともほんわかとして掴みどころのない表現で、この種の文書に採用したこと自体意外の感がある。しかし「思いやり」には国籍も宗教もなく、いわば普遍的な価値観である。しかも融通無碍《ゆうずうむげ》で、原理主義に陥ったり、一つのイデオロギーに偏したりすることのないＡＳＥＡＮに相応しい。そこで、この「思いやり」という価値観をＡＳＥＡＮ共同体のコンセプトとし、これからの社会文化共同体のキーワードにしてはどうかと思う。

テロの脅威や格差の拡大、宗教対立の激化といった、いま世界が直面しているグローバリゼーションの負の問題はＡＳＥＡＮにとっても決して対岸の火事ではない。たとえばイスラム教徒が大多数を占めるインドネシアでは、イスラム教スンニ派過激組織ＩＳにリクルートされる若者の問題が、欧米ほど深刻でないにしても起きている。また格差問題もＡＳＥＡＮとて例外でなく、経済発展に付随するようにじわじわと生まれている。このほか高齢化社会到来のスピードが予想以上に早まっていることも指摘されている。これらＡＳＥＡＮが今後取り組むべき課題への処方箋として、「思いやりのある社会」というものを提示するのだ。言い換えれば「他者を顧みる社会」である。

そのように提案するのは、そもそも東南アジアの風土には思いやりを育む素地が強いと思うからだ。風土で民族性を一刀両断するのは危険だが、湿潤な気候や豊かな原生林、そして稲作農業を中心とする東南アジアでは、生存への厳しさが少ない分だけ他を思いやる余裕は生まれやすい。実際、特派員生活を通じて知った東南アジアの人々は、国によりもちろん違いはあるが、自己主張一つとっても総じて激しさより穏やかさを感じさせた。

国民の九〇パーセント近くがイスラム教徒でありながら、インドネシア社会にイスラム原理主義過激派のタリバンやアルカーイダの浸透は一部に留まり、またＩＳの影響も限られ、社会不安を招くまでに至っていないことに、私はインドネシア社会に根を下ろした穏健なイスラムの底力のようなものを感じる。十六世紀にイスラムがインドネシアに渡来して以後、先述のジャワ文化や土着のアニミズムを基層に、さらには先に伝来した仏教（たとえばジャワ島中部のボルボドール遺跡）やヒンドゥー教（バリ島）も折り重なって、おそらく中東の本家イスラムとはもはやかなり違ったイスラムになっているのだろう。

もちろんイスラム過激派のテロがインドネシアでこれからも絶対に起きないという保証はない。とりわけ自爆テロを防ぐのは難しい。若者が一人、その気にさえなれば自爆テロは起こせてしまうからだ。しかしインドネシア、あるいはマレーシアのイスラムが中東におけるそれのように過激化する可能性はおそらく限りなく低い。そのことの貴重さを評価したい。

後述するタイにおけるタクシン派と反タクシン派の対立にしても、根深さや深刻さが言われながらも、タイ社会を破滅的混乱に陥らせるような激突は回避されている。

思いやりは別にＡＳＥＡＮの専売特許ではない。ただし思いやりの有用性をより感じさせる社会であると感じる。そしてＡＳＥＡＮが「思いやり」という価値観を提起することで世界の社会文化コミュニティーに貢献をしていくことは、ＡＳＥＡＮの存在感を必ずや高めるはずである。

## 「ハブ・アンド・スポークス」

振り返ればＡＳＥＡＮの歴史は、ＡＳＥＡＮと域外国との対話を徐々に拡大し、それを通じて新たな安全保障の枠組みをアジア太平洋に作り出すプロセスでもあった。

一九六七年に五カ国でスタートすると、七三年に初めて日本と合成ゴム・フォーラムを開催（既述）し、七七年までに日米加豪ＮＺなどの先進国との対話を確立した。

ＡＳＥＡＮはこれらの国々を対話国と定義し、一九七九年には対話国とのＡＳＥＡＮ拡大外相会議（ＰＭＣ）を初めて開いた。その傍らＡＳＥＡＮ＋１（対話国）も行われた。これは現在も続く。たとえば二〇一三年に東京で行われた日・ＡＳＥＡＮ特別首脳会議がそれである。

ＰＭＣは定例化し、冷戦時代はアジア太平洋地域のいわゆる「ＡＳＥＡＮレジーム」として機能し続けた。さらにそこから派生して生まれたのが、一九九四年七月にバンコクで第一回閣僚会議を開いたＡＳＥＡＮ地域フォーラム（ＡＲＦ）である。

ＡＲＦは冷戦終結とソ連崩壊を受けて一九九一年頃から、欧州安全保障協力会議（ＣＳＣＥ）に匹敵するような安全保障問題を協議する場を模索するなかで生まれた。当初はＰＭＣの拡大が検討されたが、一九九三年七月、シンガポールで開かれた第二十六回ＡＳＥＡＮ外相会議は、共同声明で初めてＡＲＦについて次のように言及した。

《ＡＳＥＡＮが域外対話国、域内の他の国々と共に、アジア・太平洋の政治・安保面での建設的な相互関係の構築を促進することが重要。中、ロ、ベトナム、ラオス、パプアニューギニアを招待し、九四年バンコクで域外対話国とＡＲＦを開催することを承認する》（『ＡＳＥＡＮ（東南アジア諸国連合）協力の現状』）

これによりアジア太平洋初の安全保障対話の枠組みが誕生した。大国の思惑や間隙をぬって、ＡＳＥＡＮはここでも運転席に座ることに成功した。また中国、ロシアはまだ対話国になっておらず、ベトナム、ラオスはＡＳＥＡＮ未加盟だったため、招待という形が採られた。ＡＲＦの特徴は、地域の平和と安全保障環境の向上をめざし議論はしても、あくまで「対話の場」と位置づけたことだった。このため紛争に対しても①信頼醸成の促進②予防外交の進展③紛争へのアプローチという三段階で協議を漸進的に進める手法が採られた。発足からすでに二十年以上が経過した今日も、もっぱら取り組んでいるのは信頼醸成であり、第三段階には至っていない。

ＡＲＦを「対話の場」としたのは、ＡＳＥＡＮの用心深さの表れであると同時に、域外大国アメリカの意思の反映でもあった。シンガポールでのＡＤＭＭに続いて行われたＰＭＣでアメリカは、「ＡＲＦはアメリカと域内国の二国間安保条約を補完するものでなくてはならない。また地域対話は米国の軍事同盟や前方展開にとって代わるものではない」と釘を刺した。当時のアメリカの自信の表れでもあろう。

アジア太平洋の安全保障は周知のようにアメリカをハブとし、日米や日韓などの二国間同盟で結ぶ「ハブ・アンド・スポークス」が主体となってきた。アメリカに釘を刺されるまでもなく、ＡＲＦにはこれに挑戦する意図も能力もないが、ＡＳＥＡＮのプロセスを見ると、運転席はハブであり、ＰＭＣやＡＲＦなどさまざまなスポークスが作られてきたようにも見える。実効性には議論の余地があるとしても、だからこそアメリカも中国も、もちろん日本もＡＳＥＡＮを無視できないのである。

ＡＲＦに続いて一九九七年十二月には、クアラルンプールでＡＳＥＡＮ＋３（日中韓）が発足し、第一回首脳会議が開かれた。これについては日・ＡＳＥＡＮの項で言及したので詳しい説明は省く。日本は橋本龍太郎首相、中国は江沢民《こうたくみん》国家主席、韓国は金大中《キムデジュン》大統領（いずれも当時）が出席し、第二回目から会議は定例化された。これはまた東南アジアと北東アジアの指導者が一堂に会した点で、東アジアの地域対話の枠組みが誕生したことを意味したから、「東アジア共同体」についても語られ始めた。

ＡＲＦのメンバーが二十六カ国・一機関とあまりにも多く、実質的な討議ができない問題点を感じていた国々には、ＡＳＥＡＮ＋３への期待が大きかった。実際、貿易の自由化や金融など経済分野における協議は相当程度進展した。成果の一つには、一九九七年アジア通貨・経済危機の反省を踏まえて通貨スワップ協定を結んだ「チェンマイ・イニシアチブ」がある。

またＡＳＥＡＮと離れて、日中韓による首脳会議が始まったのも、ＡＳＥＡＮ＋３が呼び水となった。

やがてＡＳＥＡＮ＋３に不都合が見えるようになった。中国が経済的・軍事的台頭を背景に突出することに対して、日本やＡＳＥＡＮ諸国が警戒や思惑を強めたのである。さらに前述の「東アジア共同体」論議もからんで、豪印ＮＺの三カ国を加えたＡＳＥＡＮ＋６の構想が浮上した。この拡大案に日本は賛成、中国は反対し、ＡＳＥＡＮ内は意見が分かれた。

結局、二〇〇五年に始まった東アジア首脳会議（ＥＡＳ）の加盟国はＡＳＥＡＮ＋６と同じ顔触れとなり、さらに二〇一一年からアメリカ、ロシアが参加し、ＥＡＳへの注目度が大きく上がったことは既述の通りだ。

そしてEASの運転席に座ったのは、またもやASEANであった。中心性は確保され、議長もASEANが務めた。さらにEASに参加するにはASEANの対話国であることやTACへの加盟が条件になるなど、形式上はむしろASEAN色が強くなった。

ASEANの中心性がいかに維持されているかは、現存するアジア太平洋の地域協力の枠組みを図解すると明らかだ（図参照）。ASEAN以外の取り組みはAPEC（アジア太平洋経済協力）だけである。早晩、TPP（環太平洋経済連携協定）が加わるにしても、依然としてアジア太平洋はASEANの中心性がメイン・ストリームとなっている。

したがってASEANはアジア太平洋のセンターかと問われれば、現状においてはイエスである。ASEANがリーダーシップを遺憾なく発揮したからセンターになっているというよりは、ASEAN10として結束することで中・小国連合の弱みを強みに転化したことと、域外大国もどこか一国が突出するよりはASEANに任せるほうが問題も少なく良いと考えた——つまり、こうした幸運にも恵まれ、ASEANはセンターであったと言ってよいだろう。

問題は、今後もASEANが運転席でハンドルを握り、中心性を維持して行くことができるかどうかである。

ASEANにとってはもちろん、日本にとってもこの帰趨は他人事ではない。事態は必ずしも楽観できない。

## アジア太平洋の地域協力の枠組み

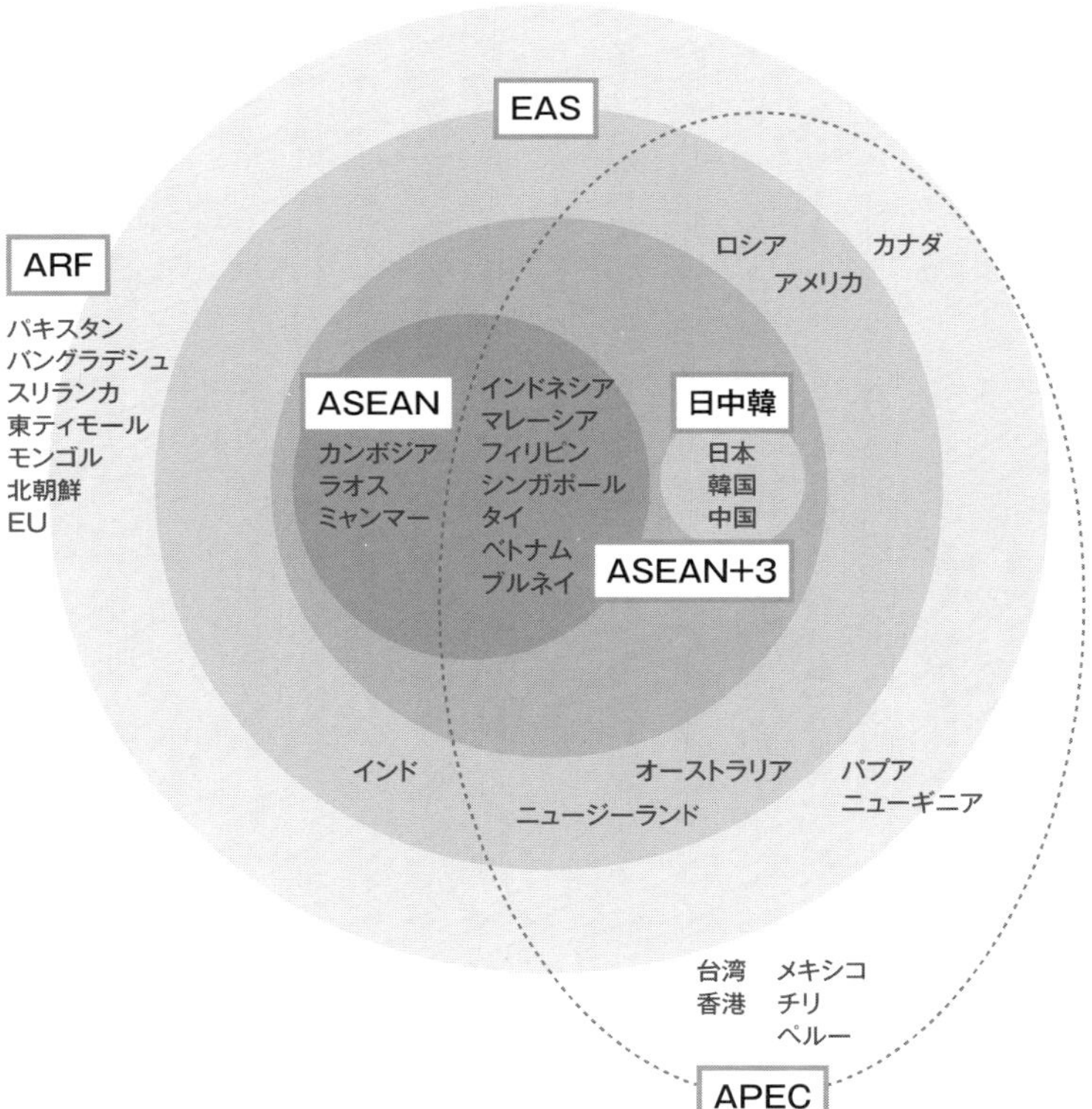


一見すると太陽系の惑星図みたいだが、アジア太平洋にある主な地域の枠組み・機構とその加盟国を描いたもの。他にもASEANとEUによるアジア欧州会合（ASEM）や〝死に体〟同然だが6者協議（日・米・中・韓・北朝鮮・ロシア）などがあり、TPP（Trans-Pacific Partnership＝環太平洋経済連携協定）もいずれ加わるから図はさらに混み合いそうだ。またASEANが提唱し、2012年から正式交渉を開始したRCEP（Regional Comprehensive Economic Partnership＝東アジア地域包括的経済連携）もある。TPPと違ってアメリカが入っていない。さらに南アジアにはSAARC（South Asian Association for Regional Cooperation＝南アジア地域協力連合）、南太平洋にはPIF（Pacific Islands Forum＝太平洋諸島フォーラム）などがあり、多国間協議が花盛りだ。

## ＡＳＥＡＮの中心性、いつまで①ＡＩＩＢの吸引力

最大の課題であり試練は、やはり大国・中国との関係に尽きるだろう。逆に言えば、これまでＡＳＥＡＮが比較的順調に運転席に座ってこられたのは、中国が座席の後ろから身を乗り出して、ハンドルに手を出すとか邪魔をしなかったからである。対ＡＳＥＡＮ外交で中国は後発組であったという事実も作用している。

アメリカがベトナム戦争介入の教訓から「ニクソン・ドクトリン」によって東南アジアから一義的に引いた後も、中国はすぐに取って代わって出てきたわけではない。この頃、東南アジアで存在感があったのは、中国ではなく、経済面に限ってではあるが、むしろ高度経済成長中の日本の方だった。

ＡＳＥＡＮが発足した時、反共連合であるとして激しく非難した中国は、一九七〇年代に入って方針を変え、加盟各国と関係改善をしていった。その後も、控えめに振る舞う、いわゆる「韜光養《とうこうよう》晦《かい》」路線が採られた。自らの力を蓄える期間だったということだろう。

しかし状況は変わった。それを象徴する出来事が、1章で見た南シナ海で起きている事態である。一方でＡＳＥＡＮと中国は経済的な相互依存を年々、深めている。ＡＳＥＡＮにとって中国は最大の市場であり、二〇一二年の場合、域外輸出九千三百二十三億ドルの一五・五パーセントは中国が占め、日本は二位で一三・九パーセント。域外輸入も中国が一九・七パーセントで一位。二位の日本は一四・一パーセントとなっている。

ASEANへの直接投資こそ、一位EU、二位日本、三位アメリカ、四位中国の順で低位に留まっているが、中国主導のアジアインフラ投資銀行(AIIB)には、南シナ海であれほど対立したベトナム、フィリピンを含めてASEAN10が全員参加し、中国の吸引力をまざまざと見せつけた。ASEANを含めアジアはいまインフラ需要が極めて大きく、既存のアジア開発銀行(ADB)だけでは十分ではないとの声があることも確かである。

中国はこれからもASEANを取り込むさまざまな方策を硬軟織り交ぜ、繰り出すことだろう。南シナ海問題にしても、二〇一四年の強権行動は外交的失点が大きかったため、当面は実効支配海域で滑走路や建造物を作るなど足固めに転じたように見える。そして表向きは「中国・ASEAN海洋協力年」と称して、信頼関係を強調している。

しかし、ソフトな言葉が力による恫喝と表裏一体であることは、ASEANもさすがにもう分かる。中国のアプローチは基本的に変わらない。ASEANはそのような中国を相手にうまく立ち回り、果実だけを手にすることができるのか、翻弄された挙げ句に飲みこまれ、中国の影響下におかれてしまうのか、予断は許さない。

AIIBに吸い寄せられたのはASEANだけではない。欧州でもイギリスがアメリカの反対を振り切って参加を表明したのを皮切りに、一種の雪崩《なだれ》現象が起きた。欧州は中国から遠く、領有権問題もないから、「バスに乗り遅れるな」意識が強いのか。また東アジアで参加を表明していないのは、日本と北朝鮮だけである。北朝鮮の参加は論外だ。むしろ中国が北朝鮮のインフラ整備にAIIBを恣意的に使いはしないか心配になる。日本の参加は、英仏独などと同じようには考えられない。そもそもアジアと欧州では出資比率が違う。日本の出資額は三千億円とも試算され、この額に見合うメリットが果たしてあるか冷静な考察が必要だ。これに対して英仏独は、出資額に比すれば大きな口が出せる。

一連の過程で明らかになってきたのは、第二次世界大戦後に発足した国際通貨基金（IMF）と世界銀行（WB）から成る欧米主導のブレトン・ウッズ体制に不満を感じている中国が、日本の外貨準備高の約三倍という世界最大の外準三兆八千四百三十億ドル（二〇一四年末現在）の資金を武器に、レジーム・チェンジを挑んでいるのではないかということである。また同体制から約二十年後の一九六六年に、アジア太平洋を中心とする途上国の社会・経済発展を目的に設立されたADBは、現在も日本がアメリカとともに最大の出資国であり、ADBを超えたい野心もあるだろう。その意味では「新型大国関係」戦略の一環である。

吸引力に引き寄せられるあまり、中国を見る目まで曇らせては危うい。内実は盤石なものではないことが考えられるからだ。二〇一五年三月の全人代で「新常態（ニューノーマル）」なる言葉が注目を集めた。中国では習近平によって二〇一四年前半から盛んに使われるようになり、その趣旨は二桁の経済成長が「常態」だった中国が、近年は七パーセントという低成長率が続き、しかもいまではその達成も容易ではなく、これを新しい「常態」として認めようというものらしい。しかし「新常態」では毎年、中国社会に新たに参入してくる雇用人口の吸収はむずかしく、社会不安を招きかねない。ところが企業はと言えば過剰生産に陥っている。

中国経済の専門家たちによれば、このような内部矛盾はもはや中国の国内だけで片づけられない段階にある。これを一挙に解決するためには、幸い現在豊富な外貨準備という資金を誘い水に、活路を求めて海外へ出て行くほかない。

そのように考えると、ＡＩＢＢ設立と海外進出の本質は、時代が二十世紀なら「帝国主義的」と呼ばれるものだろう。二十一世紀に帝国主義では用語が古めかし過ぎるので、さしずめ「チャイナ・マジック」である。マジックが永遠につづくということはない。しかもはじめにで触れたように、ＡＩＩＢのターゲットはアジアと言ってもどうやら中央アジアや中東に向けられる公算が大きい。ＡＳＥＡＮの参加がＡＩＩＢの存在価値を高めるために体よく使われ、結果はハイリスク・ノーリターンとなるような事態を避けるため、ゆめゆめ唯々諾々と従うのは禁物だ。中国式ルールではなく、国際基準のＡＩＩＢにしなければならないのである。

### ＡＳＥＡＮの中心性、いつまで②「己の敵は己」

ＡＳＥＡＮの中心性の先行きが楽観できないと思われる第二の理由は、「己の敵は己」という格言である。

ＡＳＥＡＮ各国の対中関係は温度差があると1章で書いた。対決姿勢の強い順にフィリピン、ベトナム、中立的なミャンマーやインドネシアにタイ。シンガポールはケース・バイ・ケース。やや中国寄りのマレーシア、対中依存度の高いカンボジア、ラオス、となるだろうか。

カンボジアが議長国だった二〇一〇年、ＡＳＥＡＮが史上初めて共同声明を発出できなかったのは、カンボジアが中国の意を汲んで文書を作成したことに、フィリピン、ベトナムが猛反発したためだった。議長国が再びこのような議事運営をすると、日米豪など域外国の信頼性を低下させることになり、運転手交代の声が出てこないとも限らない。もしそうなればＡＳＥＡＮの中心性は損なわれていくだろう。

また加盟国の振る舞いに失望する動きが身内から出くる可能性もある。それはＡＳＥＡＮの拡散につながり、これも中心性を維持するのにマイナスである。つまり敵は自分たちのなかに潜んでいる。

その意味で、ＡＳＥＡＮのリーダーと目されてきたインドネシアとタイが、いまそれぞれ直面している課題をここで指摘しておきたい。

盟主と言われてきたインドネシアが、カンボジアによる共同声明発出失敗の際に収拾のため外交努力をしたことはすでに書いた。ところがユドヨノ政権の一時期、外交の重点をＡＳＥＡＮよりＧ20に置き始めたのではないかと観測されたことがある。ＡＳＥＡＮで唯一のＧ20メンバーがインドネシアである。マルティ外相（当時）の来日の際にも、記者会見でそのような質問が出された。

マルティは否定したが、ＡＳＥＡＮよりＧ20という誘惑は今後も出てくるかもしれない。しかしこれはインドネシアにもＡＳＥＡＮにもプラスではない。ＡＳＥＡＮは結束してこそ存在感を示してきたし、Ｇ20におけるインドネシアの発言権も、ＡＳＥＡＮをバックにすることで一層効果を発揮する。

ＡＳＥＡＮの利益か国益かという問いは、インドネシアだけでなく各加盟国に大なり小なり当てはまる。両方に益することが望ましいが、将来、二者択一を迫られる事態がこないとはいえない。

そのためにもASEANの中心性を高める努力と仕掛けは絶えず必要である。

インドネシアは人口もGDPもASEANの約四割を占めるASEAN随一の大国であり、牽引役への期待は高い。二〇一四年十月の大統領就任式でジョコ・ウィドドは「海洋国家としての栄光を取り戻す」と述べた。この発言はユドヨノ政権登場以来、取り戻しつつあった外交力への期待をさらに膨らませるものだった。中国が実効支配を固めつつある南シナ海の領有権問題でも、「必要な仲介をする用意がある」と述べている。

二〇一五年三月、ジョコはASEAN諸国を除く最初の訪問国に日本を選んだ。両国は海洋分野での協力や「外務・防衛閣僚協議（2＋2）」開催などを謳った共同声明「海洋と民主主義に支えられた戦略的パートナーシップの更なる強化に向けて」を発表した。

日本はインドネシアにとってすでに最大の投資国だが、資源輸出国からの脱皮を目指すインドネシアは、ハイテク産業や高付加価値の製造業、電気などのエネルギー分野、港湾や鉄道といったインフラ整備など多くの分野で日本からの一層の投資を期待する。

一方、ASEANの原加盟国であり、設立宣言の行われた地でもあるタイは、本来ならASEANのリーダーとして期待される立場にありながら、いま難しい政治状況が続いている。二〇一三年の日・ASEAN四十周年記念首脳会議もタイだけはインラック首相（当時）が参加できなかった。

問題の根底には、タクシン派と反タクシン派の長い構造的な対立がある。

派の名称の由来であるタクシン・チナワット元首相（二〇〇一年二月～〇六年九月在任）はロンドンで事実上亡命生活を余儀なくされているものの、国内に影響力を温存し、妹インラックが、二〇一一年七月の総選挙で首相に就いた。しかし二〇一四年五月、憲法裁判所は政権の人事介入を憲法違反とし、インラック首相は失職。混乱する中で軍事クーデターが起き、プラユット暫定政権が発足した。民政移管が一つの焦点だが、プラユット首相は二〇一五年五月に「総選挙を二〇一六年九月に実施する」と述べている。

対立の元であるタクシン派は北・東北部の地方農村や低所得者層を支持基盤とし、タイ貢献党が主体で、タクシン支持の反独裁民主戦線は通称赤シャツと呼ばれる。

これに対して反タクシン派は、タクシンをクーデターで追放したスラユット暫定政権に始まり、赤シャツによりASEAN会議を妨害されたアピシット政権、プラユット暫定政権など、二〇〇六年のタクシン政権崩壊以来、タクシン派と交互に政権を握る形になっている。バンコクや南部、保守・中間層が支持基盤で、反タクシンのタイ民主党を中心とする人民民主革命委員会は黄シャツと呼ばれる。

タイと言えば、国王の一言でクーデターが収まり、めでたしめでたしとなるイメージがこれまでは強かった。しかし高齢の国王には病気が伝えられる上に、赤シャツと黄シャツの対立はそう簡単には解けず、政治的混迷の長期化や悲観的見通しが語られることが増えている。

にもかかわらず、タイは依然、ASEANにおける日本の最大の経済的パートナーである。在留邦人約五万五千六百人（二〇一二年）はASEAN内で群を抜いて多く（二位のシンガポールが約二万七千五百人）、日系企業の数も千四百六十九社（同年）と一位である。一九九七年のアジア通貨・経済危機でも発生源でありながら、インドネシアのような体制崩壊を招くことなく目覚ましい復元力を見せ、二〇一一年の首都圏大洪水でも撤退する日系企業はほとんどなく、経済パートナーとして「タイに勝る国はない」（外交筋）とされてきたのである。

タイには「微笑の国」とともに「不思議の国」という形容があるのも、これらから頷ける気がする。果たして今後もそれは当てはまるのか。歴史や民族の伝統はそう簡単には変わらない。そして確かなことは、タイ国政の先行き不透明が、タイ自身はもちろん、ＡＳＥＡＮにも日本にとっても大きなマイナスだということである。

ＡＳＥＡＮの中心性は域外大国がどう関わり、ＡＳＥＡＮの重要性をどう判断するかによって左右されることは言うまでもない。ＡＳＥＡＮは自らの存在価値を高め、重要性をアピールしていかなければならないのである。

# おわりに――海洋アジアの連携をいっそう密に

アジア太平洋を舞台にした米中の攻防、南シナ海で中国の強権行動の試練にさらされるASEANの現状、そしてその地域機構としての生成発展、さらに日本と東南アジアとの関わりなどについて考を進めてきた。攻防に終わりは見えない。まだまだ続くだろう。日本はどうすればよいのか。日米同盟が基軸であることは疑問の余地がない。問題は対ASEANだ。その重要性が増していると言われながらも、日本は中国と比べてASEANにおける存在感が低下しつつあると指摘されてきた。残念ながらそのとおりかもしれない。とくにそれは経済分野において顕著である。たとえば一九九五年当時、日・ASEAN間の貿易は中・ASEAN間の六倍以上もあったのに、二〇〇〇年代に入ると後者は急速に伸び、二〇〇八年には日本を追い抜いた。しかもその差はどんどん開いている（末廣昭著『新興アジア経済論』岩波書店）。

では日本は今後、どのような関係を築いていけば、しかとその存在を示すことができるのか。最後にもう一度、日本が取るべきASEAN外交の戦略を記して締めくくりとしたい。

ASEAN各国の対日感情が押しなべて大変良いことを、7章で対日世論調査の結果を紹介しながら取り上げた。それは近隣アジアにおけるいささか常軌を逸するような反日主義の増幅とは一味もふた味も異なる。それ自体、ASEAN外交の成功を物語るものといえるかもしれない。しかし日本はそうした結果に安堵し、気分を良くはしても、これをASEANとの関係にもっと戦略的に活用していこうとの意欲は必ずしも十分ではなかった。またこうした信頼や好感の源である、日本とASEANとの間に長年、培われた数々の貴重な資産に関しても、いわば宝の持ち腐れをしてきたように思う。

資産の中には見落とされがちな歴史も含まれる。戦後七十年だけのことではない。確かに戦後七十年のアジア太平洋の平和と繁栄に果たした日本の役割は大きい。日本は陰徳を積む形で、それをさして吹聴もしなかったが、幸い国際社会の大勢はこれを評価してくれた。日本に対する世界の好感度や信頼度は高い。しかし私が第4章を書いたのは、もはや忘れ去られてしまったも同然の戦前の事象の中にも、継承すべき資産があるとの思いからだった。文芸評論家の小林秀雄に「歴史を上手に思い出す」という有名な言葉がある。歴史であれ記憶であれ、人はしばしば自分に都合よく思い出しがちで、それは「下手に思い出す」ことになりやすい。「上手に思い出す」ことは易しいことではないが、まずは事実を事実として見つめることから第一歩は始まるのではないだろうか。

そして戦後である。あらためて言うまでもなく、日本の経済協力や支援が最も成功したのがASEANの東南アジアだった。第6章で取り上げた福田ドクトリンとODAはその一端である。しかし二〇一五年二月、そのODA大綱の名称が閣議決定で「政府開発援助」から「開発協力」に変わったことが象徴するように、もはやそれは単に政府・公的資金による途上国援助ではなく、民間企業・NGOも参加しての開発協力となった。またASEANには途上国を卒業し、支援に回る国も出ている。ではASEANは日本の対象国ではなくなっていくのかと言えば、そんなことはない。その意味でも、新たな日・ASEAN協力が必要であり、そのための対ASEAN戦略が求められているのである。

第一に言えることは、日・ASEAN関係がすでに量で勝負する時代は終わっているということである。日中の地位が対ASEAN貿易で逆転したことを先に述べたが、逆転は貿易だけではない。世界経済に占めるGDP自体が中国は二〇一〇年に日本を抜いて二位となり、しかもその差はますます開いている。一人当たりGDPも日本がシンガポールに抜き去られて久しい。アジアのみならず世界を席巻し、今では残滓《ざんし》でしかないような残念な日系企業もある。

しかしこれらの現象をもって日本の衰退とするのは一面的であり、日本に追い付き追い越せの結果でもあるのだ。もちろん、日本はそれに積極的に協力してきた。従ってこれからの日本は量ではなく、質を求め質で勝負する時代であることを、日本自身が強く自覚したほうがよい。質の前提としての中身も当然、量の時代とは変わってくるだろう。

少し古いが『通商白書2010』が参考になる。そのヒントを得たのが先の『新興アジア経済論』であり、《今日のアジア地域における日本の位置取りは、「工業先進国」としての先導ではなく、「課題先進国」としての協力にあるのではないのか》とし、同白書が示唆を与えてくれると書いている。

同白書は副題に「国を開き、アジアとともに成長する日本」を掲げ、アジアとの共生を明確に打ち出した。そして日本の役割として、①日本のサービス産業のアジア展開を本格化させ、アジア諸国に日本の「魅力・安全・安心」を提供すること、②急増するインフラ需要に対応して、日本が広域インフラを整備し、「東アジア産業大動脈」を形成すること、③少子高齢化や環境・エネルギー問題など、アジアが地域として直面する共通の課題に対してともに取り組むこと——などを挙げている。第9章で書いたベトナム〜カンボジア〜タイに貫通した南部回廊はまさに②の具体化である。

同白書は日本の役割を、「課題解決型国家」あるいは「知のリーディングパワー」としてアジア諸国に貢献することにあると締めくくる。私もこの結論に経済分野では大筋そうなのだろうと思う。二〇一四年八月、十六年ぶりに訪れたクアラルンプールで印象的だったのは、日系企業の看板に製造業よりは生保関係が目立ったことだ。③も指摘したように高齢化が進行する中で生活水準の向上と社会保障制度の未整備などが相俟って、東南アジアでは日本の生保業界の持つノウハウに関心が集まっているという。そのことを看板は見事に語っていた。

量から質へ。ただし、どちらにおいても変わらない、いや変わってほしくないものがある。何か。「日本らしさ」である。

ODAでたとえれば、「魚を与えるのではなく、魚の獲り方を教える」ことが日本らしさだ。さらに言えば、「教えつつ、ともに学ぶ」姿勢も日本らしさである。これはまた日本のODAの中心を占めてきた円借款とも関係している。円借款には「借りたものは返す」つまり自助努力を尊重し、それによって自立発展するという、これまた日本ならではの狙いや期待がある。他の先進諸国から、円借款は低利とはいえ金貸しで、しかも潤うのは請け負う日系企業だけと批判が強かった。欧米の場合は無償援助がほとんどで、魚をあげてしまうからだ。しかし戦後、独立国として同じようにスタートしながら、アジアとアフリカで経済発展に大きな差がついた背景には、少なくともアジアでは獲り方を知ったことが奏功したと考えてよいのではないかと思う。

日本らしさが大事なのはODAの世界だけに限らない。AIIBにしても、日本はADBがASEANや途上国にとってもっと魅力的で使い勝手のよいものになるよう、大胆にして細やかな改革を行うべきだ。またASEANの成功体験を後発国の支援に役立てるためにも、ASEANの声にはとくによく耳を傾け、意見を取り入れていくことも必要だ。もちろんアメリカやAIIBに参加したイギリスなどG7メンバーとの緊密な連携が以前にも増して重要なことは言うまでもない。二〇一六年に創立五十周年を迎えるADBの役割は、AIIBの登場によって存在意義が減少するものではない。

以上の経済分野に対して安全保障分野は、まず前提として日本とASEANともども置かれた状況がどんどん厳しさを増していることを認めざるを得ない。「新型大国関係」で仕切ろうとする中国は、いまやアメリカからの挑戦を受けて立つ兆候さえ見せ始め、一方のアメリカはアジア・リバランス政策を掲げつつ、対中政策に一貫性が感じられず迷走しているように思える。中国の出方を測っているということもあるのだろう。

しかしそうであればなおさら、日本とASEAN両者が協力し合う必要性と可能性はかつてなく大きく、増しているのだと前向きに捉えたい。アメリカの迷走を嘆くのは対米依存症の裏返しかもしれないのである。危機はチャンスという格言もある。そしてASEANとの協力にあたっては、オーストラリア、インドなどにも協力のネットワークを広げ、海洋アジアの連携を密にすることが重要だ。そのための政治力を日本が日本らしく、またより見える形で発揮してもＡＳＥＡＮ諸国から反発や拒否反応が出て来るとは思えない。二〇一五年八月五日、六日にクアラルンプールで開かれたＡＳＥＡＮ関連会合は、南シナ海情勢における中国の時間稼ぎと現状変更への変わらぬ意思を強く印象づけ、試練に立たされているＡＳＥＡＮとの協力・支援の緊急性と必要性を高めた。

ＡＳＥＡＮは海軍力を云々する以前に海上警備能力が装備も人材もまだまだ脆弱で、中国のそれとはアリと象ほどの違いがある。フィリピン、ベトナムはとりわけ日本への期待が高い。ＡＳＥＡＮが全体として中国と事を構えることを望まない空気が支配的な中で、両国が反中で突出して結果的に孤立してしまうことがないよう配慮しつつ、しかし両国との協力・支援は惜しむべきではない。このバランスは微妙なところだが、ＡＳＥＡＮ戦略の要《かなめ》だ。なぜならＡＳＥＡＮもまた微妙だからである。

ＡＳＥＡＮは茫洋として分かりにくい。本当の姿がどこにあるか、正直摑みにくい。こんな声がしばしば聞かれる。当たっていなくもない。しかしそれこそがＡＳＥＡＮウェイなのだろう。そのようなＡＳＥＡＮと名実ともに身近な隣人同士になるためには、それぞれの加盟国についても、もっと知ること、そして長いスパンで見ることが必要だ。ＡＳＥＡＮ外交には粘り強さやきめ細かさ、そして対話の継続性が何より大切になるということである。日本はもはやアジアの盟主ではないし、必要以上に指導者意識を持つこともあまりプラスにならない。しかしＡＳＥＡＮとしっかり手を携えていくことの戦略的価値は高まることはあってもなくならないだろう。

最後に、本書は草思社からの前著『インドネシア9・30クーデターの謎を解く』を書きながら、東南アジア諸国連合（ＡＳＥＡＮ）とは一体何なのか、その気になる存在を知らせたいとの思いが一つの動機となって生まれた。南シナ海や東シナ海で日々起きている懸念すべき事態も執筆を後押しした。さらに9・30事件やＡＳＥＡＮ創設に関わりのあるマレーシア元外相ガザリ・シャフィーの仕事や魅力的な人となりを書いてみたい気持ちも強かった。本書を書くにあたっては多くの方に協力を得たが、とくにガザリと親交のあった人々を一堂に集める労を取って下さった駐マレーシア大使の宮川眞喜雄氏には心から感謝している。宮川大使も第一回目のマレーシア駐在でガザリと篤い親交を重ねられ、離任の際に宮川氏の搭乗機がまさに離陸しようとする瞬間、搭乗機に向かってオーイと駆け走ってきたのがガザリで、「これを私だと思ってほしい」と、ステッキを託したのだという。ガザリの分身はいま、公邸で大使の仕事ぶりを見守っている、とはガザリに成り代わっての私の気持ちだ。本書もまた編集者、増田敦子さんの励ましと的確な示唆がなければ完成しなかったことに感謝しつつペンを置く。

二〇一五年八月の猛暑に

千野境子

## 引用・参考文献

○単行本
猪口孝編『日本のアジア政策――アジアから見た不信と期待』ＮＴＴ出版、二〇〇三年
ＩＩＳＳ『ミリタリー・バランス２０１１』
高原明生、前田宏子著『開発主義の時代へ　１９７２―２０１４』岩波新書、二〇一四年
東南アジア調査会著『ＡＳＥＡＮ（東南アジア諸国連合）協力の現状――発足30年の総括』東南アジア調査会、一九九七年
山影進編『新しいＡＳＥＡＮ――地域共同体とアジアの中心性を目指して』アジア経済研究所、二〇一一年
黒柳米司編『「米中対峙」時代のＡＳＥＡＮ――共同体への深化と対外関与の拡大』明石書店、二〇一四年
防衛省防衛研究所編『東アジア戦略概観２０１２』The Japan Times BOOK CLUB、二〇一二年
ヘンリー・キッシンジャー著、岡崎久彦監訳『外交』日本経済新聞社、一九九六年
DR. Rais Yatim Prabhakaran, S. Nair, *King Gahz: A Man of His Time*, OMR Press, 2010
筒井清忠著『西條八十』中公文庫、二〇〇八年
ポール・Ｈ・クラトスカ著、今井敬子訳『日本占領下のマラヤ　１９４１―１９４５』行人社、二〇〇五年
寺見元恵著『フィリピンの独立と日本――リカルテ将軍とラウレル大統領』彩流社、二〇一四年
今村均著『今村均回顧録』（新装版）芙蓉書房出版、一九九三年
後藤乾一著『東南アジアから見た近現代日本――「南進」・占領・脱植民地化をめぐる歴史認識』岩波書店、二〇一二年
小倉貞男著『ドキュメント　ヴェトナム戦争全史』岩波現代文庫、二〇〇五年

潘佩珠著、長岡新次郎、川本邦衛編『ヴェトナム亡国記』平凡社東洋文庫、一九七四年
矢野暢著『「南進」の系譜』中公新書、一九七五年
ベネディクト・アンダーソン著、加藤剛訳『ヤシガラ椀の外へ』NTT出版、二〇〇九年
山崎朋子著『サンダカン八番娼館』文春文庫、二〇〇八年
小林泉著『南の島の日本人――もうひとつの戦後史』産経新聞出版、二〇一〇年
山口洋兒編著『日本統治下ミクロネシア文献目録』風響社、二〇〇〇年
ロベール・ギラン著、根本長兵衛、天野恒雄訳『日本人と戦争』朝日文庫、一九九〇年
深田祐介著『黎明の世紀――大東亜会議とその主役たち』文藝春秋、一九九一年
バー・モウ著、横堀洋一訳『ビルマの夜明け』太陽出版、一九九五年
藤原聡他著『アジア戦時留学生――「トージョー」が招いた若者たちの半世紀』共同通信社、一九九六年
アリフィン・ベイ著、小林路義訳『アジア太平洋の時代』中公叢書、一九八七年
福田赳夫著『回顧九十年』岩波書店、一九九五年
原彬久著『岸信介――権勢の政治家』岩波新書、一九九五年
赤松貞雄著『東條秘書官機密日誌』文藝春秋、一九八五年
岸信介著『岸信介回顧録――保守合同と安保改定』廣済堂出版、一九八三年
岸信介、矢次一夫、伊藤隆著『岸信介の回想』文藝春秋、一九八一年
原彬久編『岸信介証言録』中公文庫、二〇一四年
加瀬みき著『大統領宛日本国首相の極秘ファイル』毎日新聞社、一九九九年
国連広報センター編『回想・日本と国連の三十年――歴代国連大使が語る「現代史の中の日本」』講談社、一九八六年
波多野澄雄、佐藤晋著『現代日本の東南アジア政策1950―2005』早稲田大学出版部、二〇〇七年

日米協会編、五百旗頭真他監修『もう一つの日米交流史――日米協会資料で読む20世紀』中央公論新社、二〇一二年
甲斐文比古著『国境を越えた友情――わが外交秘話』東京新聞出版局、一九九〇年
宮城大蔵著『戦後アジア秩序の模索と日本――「海のアジア」の戦後史　１９５７〜１９６６』創文社、二〇〇四年
リチャード・ハロラン、千野境子著『アジア目撃』連合出版、二〇〇三年
Jusuf Wanandai, *Shades of Grey*, Equinox Publishing, 2012
C・O・E・オーラル・政策研究プロジェクト『今川幸雄オーラル・ヒストリー：カンボジア和平と日本外交』政策研究大学院大学、二〇〇五年
田中明彦著『アジアのなかの日本』ＮＴＴ出版、二〇〇七年
河野雅治著『和平工作――対カンボジア外交の証言』岩波書店、一九九九年
安倍晋三著『美しい国へ』文春新書、二〇一二年
岡部達味編『ＡＳＥＡＮをめぐる国際関係』日本国際問題研究所、一九七七年
石川幸一、清水一史、助川成也編著『ＡＳＥＡＮ経済共同体』ＪＥＴＲＯ、二〇〇九年
末廣昭著『新興アジア経済論――キャッチアップを超えて』岩波書店、二〇一四年
経済産業省編『通商白書２０１０――国を開き、アジアとともに成長する日本』日経印刷、二〇一〇年
山本信人編著『東南アジアからの問いかけ』慶應義塾大学出版会、二〇〇九年
権容奭著『岸政権期の「アジア外交」――「対米自主」と「アジア主義」の逆説』国際書院、二〇〇八年
ＡＳＥＡＮセンター編『アジアに生きる大東亜戦争』展転社、一九八八年
河部利夫著『世界の歴史18　東南アジア』（文庫版）河出書房新社、一九九〇年

○資料集
中野聡、浜本正信構成・文責「浜本正勝証言集 第一部」一九九二年

○雑誌・新聞
芳賀美智雄「インドネシアにおける日本軍政の実態」『戦争史研究国際フォーラム報告書・第6回』（防衛省、二〇〇八年）所収
『海洋情報季報』／『ジェーンズ・ディフェンス・ウイークリー』／『ザ・ディプロマット』（ウェブ誌）／『東亜』／『日経ビジネス・オンライン』／『フォーリン・ポリシー』／『アジアウィーク』／『季刊国際政治』／『アジア研究』／『外交フォーラム』
産経新聞／毎日新聞／フジサンケイ・ビジネスアイ／日本経済新聞（「私の履歴書」スハルトの連載）

関連年表

2006 年

　5・28　環太平洋経済連携協定（TPP）発効

2007 年

　1・13　ASEAN 共同体の実現を 2020 年から 2015 年へ前倒し

2008 年

　12・15　ASEAN 憲章発効

2009 年　日・メコン交流年

2013 年　日・ASEAN 友好協力 40 周年

　12・14　日・ASEAN 特別首脳会議

2015 年　ASEAN 共同体発足

1989年
4・29　竹下登首相、ASEAN歴訪（〜5・7）
11・6　アジア太平洋経済協力会議（APEC）創設（〜11・7）
1991年
3・3　マハティール首相、EAEG構想発表、91年、EAECと改称
4・27　海部俊樹首相、ASEAN 4カ国歴訪
1993年
1・1　ASEAN自由貿易地域（AFTA）導入
1994年
7・25　ASEAN地域フォーラム（ARF）発足
1995年
7・28　ベトナム、ASEANに加盟
1996年
3・1　アジア欧州首脳会議（ASEM）発足
1997年
1・7　橋本龍太郎首相、ASEAN 5カ国歴訪（〜1・14）
7・2　タイ通貨バーツ暴落、アジア通貨・経済危機勃発
7・23　ラオス、ミャンマーがASEANに加盟
12・15　「ASEANビジョン2020」を採択
12・16　ASEAN+3（日中韓）首脳会議発足
1998年
12・15　「ASEANビジョン2020」実現のためハノイ行動計画採択
1999年
4・30　カンボジアがASEANに加盟
2000年
5・6　ASEAN + 3が「チェンマイ・イニシアチブ」に合意
2002年
11・4　ASEANと中国が南シナ海に関する行動宣言署名
2003年　日・ASEAN交流年
2005年
12・14　東アジア首脳会議（EAS）発足

1963年

8・3　マフィリンド（マラヤ、フィリピン、インドネシア）構想発表

9・16　マレーシア連邦成立

1965年

6・22　日韓基本条約調印、日韓国交正常化

8・9　シンガポール、マレーシアから分離独立

9・30　インドネシア「9・30事件」

11・10　姚文元論文発表、中国のプロレタリア文化大革命始まる

1966年

3・11　インドネシア大統領の実権がスカルノからスハルトへ移る

4・6　東南アジア開発閣僚会議が東京で開催（～4・7）

11・24　アジア開発銀行（ADB）設立

1967年

8・8　東南アジア諸国連合（ASEAN）設立宣言調印

1971年

11・27　東南アジア・平和・中立宣言（ZOPFAN）宣言署名

1973年

11・27　日本・ASEAN合成ゴム・フォーラム

1974年

1・7　田中角栄首相、ASEAN歴訪。1・15ジャカルタ反日暴動

1976年

2・23　ASEAN首脳会議発足、東南アジア友好協力条約（TAC）調印

1977年

8・6　福田赳夫首相、東南アジア6カ国歴訪

1977年

8・18　東南アジア外交3原則（福田ドクトリン）

1983年

4・30　中曽根康弘首相、ASEAN歴訪（～5・10）

1984年

1・7　ブルネイがASEANに加盟

## ◉関連年表◉

1945年

8・14　日本、ポツダム宣言受諾。連合軍に降伏

8・15　正午、天皇の終戦詔勅放送

8・17　インドネシア共和国独立宣言

9・2　ベトナム民主共和国樹立宣言

1948年

1・4　ビルマ共和国独立

1951年

9・8　対日講和（サンフランシスコ）条約・日米安全保障条約調印

1954年

9・8　東南アジア条約機構（SEATO）設立（1977年解散）

11・5　ビルマとの平和条約、賠償・経済協力協定調印

1955年

4・18　アジア・アフリカ会議＝バンドン会議（～4・24）

10・26　ベトナム共和国（南ベトナム）樹立

1956年

5・9　フィリピンとの賠償協定調印

1957年

5・20　岸信介首相、東南アジア6カ国歴訪へ（～6・4）

11・18　岸首相、東南アジア9カ国歴訪へ（～12・8）

1958年

1・20　インドネシアと平和条約、賠償協定調印

1959年

5・13　南ベトナムと賠償協定、借款協定調印

1960年

1・19　日米新安保条約・協定調印

1961年

7・31　東南アジア連合（ASA）独立宣言（1967年活動停止）

著者略歴――――
千野境子　ちの・けいこ

横浜市生まれ。1967年、早稲田大学文学部ロシア文学専修卒業。同年、産経新聞に入社。マニラ特派員、ニューヨーク支局長、外信部長、論説委員、シンガポール支局長などを経て2005年から08年まで論説委員長・特別記者。98年、一連の東南アジア報道でボーン上田記念国際記者賞を受賞。著書に『紅茶が動かした世界の話』『なぜ独裁はなくならないのか』(以上、国土社)、『世界は日本・アジアをどう伝えているか』(連合出版)『ペルー遥かな道』(中公文庫)『アメリカ犯罪風土記』(現代教養文庫)『インドネシア9・30クーデターの謎を解く』(草思社)など。現在、産経新聞客員論説委員。

日本はASEANと
どう付き合うか
米中攻防時代の新戦略


2015年9月24日　第1刷発行

著　者　千野境子
装幀者　藤村　誠
発行者　藤田　博
発行所　株式会社 草思社
〒160-0022　東京都新宿区新宿5-3-15
電話　営業 03(4580)7676　編集 03(4580)7680
振替　00170-9-23552

本文印刷　株式会社三陽社
付物印刷　日経印刷株式会社
製本所　加藤製本株式会社

ISBN978-4-7942-2157-5 Printed in Japan　検印省略